BÜZZ

© 2018 Buzz Editora

Publisher ANDERSON CAVALCANTE
Editora SIMONE PAULINO
Assistente editorial SHEYLA SMANIOTO
Projeto gráfico ESTÚDIO GRIFO
Assistentes de design LAIS IKOMA, STEPHANIE Y. SHU
Revisão JORGE RIBEIRO, MARIANA FUJISAWA

Dados Internacionais de Catalogação na Publicação (CIP)
(Câmara Brasileira do Livro, SP, Brasil)

Cardoso, Rodrigo
Leve sua mensagem para o mundo: como impactar e
transformar pessoas através de treinamentos e palestras
bem estruturadas / Rodrigo Cardoso
São Paulo: Buzz Editora, 2018.
248 pp.

ISBN 978-85-93156-53-3

1. Carreira profissional – Desenvolvimento 2. Fala em
público 3. Negócios 4. Palestrantes – Narrativas pessoais
5. Palestras e conferências 6. Performance 7. Sucesso
profissional I. Título

18-15212   CDD-650.14

Índices para catálogo sistemático:
1. Palestrantes e trainers: Carreira profissional:
Desenvolvimento: Administração 650.14

Todos os direitos reservados à:
Buzz Editora Ltda.
Av. Paulista, 726 – mezanino
CEP: 01310-100 São Paulo, SP

[55 11] 4171 2317
[55 11] 4171 2318
contato@buzzeditora.com.br
www.buzzeditora.com.br

RODRIGO CARDOSO

LEVE SUA MENSAGEM PARA O MUNDO

Como impactar e transformar pessoas através de treinamentos e palestras bem estruturadas

7

INTRODUÇÃO

1

13

LUZ E ESCURIDÃO

34

ENTRANDO EM CAMPO

51

A SOMA DE TODOS OS MEDOS

73

**AUTENTICIDADE É
O NOME DO JOGO**

2

98
POWER TEMA

136
HORA DA AÇÃO!

157
**POSTURAS PODEROSAS
DE UM POWER TRAINER**

172
**PREPARANDO SUA
POWER APRESENTAÇÃO**

187
POWER ESTRUTURA

INTRODUÇÃO

Minha missão sempre foi transformar pessoas. No dia em que despertei para isso, eu tive a consciência de que o faria mais cedo ou mais tarde. Ainda não imaginava o impacto que meus treinamentos teriam em cada pessoa que cruzasse meu caminho, mas sabia que, quando eu conseguisse acender em mim meu potencial, minha luz, e transmitir para o outro aquela faísca, traria um efeito extraordinário no coração de quem estivesse conectado e pronto para se transformar.

Ao longo de mais de duas décadas de carreira como palestrante, fui desenvolvendo e aprimorando meu método e hoje posso dizer que a minha promessa é fazê-lo impactar vidas num nível muito acima do ordinário. O que eu faço é despertar o extraordinário que existe dentro de cada um, num processo altamente eficiente e prático.

Com afinco e extrema dedicação, criei o mais avançado Programa de Formação de Palestrantes e Trainers do Brasil.

Quando percebo que as transformações que ocorrem, de dentro para fora, geram um efeito em cadeia de transformações positivas em quem está ao redor, entendo que cada indivíduo que muda traz um impacto não apenas nele, mas na família e em todos os núcleos de sua convivência.

A criação do Power Trainer veio ao encontro desse desejo de auxiliar pessoas a levar suas vozes para o mundo.

Ser um Power Trainer é mais do que escolher como missão impactar a vida das pessoas, subir ao palco e encher os olhos de amor. Ser um Power Trainer é trazer, na boca, palavras de poder que atingem o coração das pessoas. É ser um veículo de transformação de vidas. É ser muito mais que um palestrante.

Impactar vidas positivamente é despertar a excelência em quem está ao redor.

Existe uma grande diferença entre ensinar e transformar. A maneira como você ensina é muito mais importante do que aquilo que ensina.

Quem me trouxe a resposta de que eu estava no caminho certo não foram só os meus alunos, mas as pessoas que estavam ao meu redor. Quando compartilhamos o que há de melhor dentro de nós, despertamos o que há de melhor nas pessoas que nos rodeiam.

O que eu gosto de ensinar é uma metodologia. Se você aprender a ser um Power Trainer, não precisará necessariamente estar em cima do palco para se comunicar com a plateia. Pode usar o método para gravar um vídeo ou se comunicar melhor com as pessoas no trabalho, se posicionar e se vender melhor, quando aprende a transmitir melhor seu conhecimento. É uma poderosa habilidade que levará sua vida para um novo patamar de infinitas possibilidades.

Espero que este livro desperte o Power Trainer que existe dentro de você, e que esse agente de transformação que se tornará jamais perca a sagrada oportunidade de reconhecer um ser humano com sede de mudar.

Seja lembrado. Acenda a sua luz. Seja um Power Trainer.

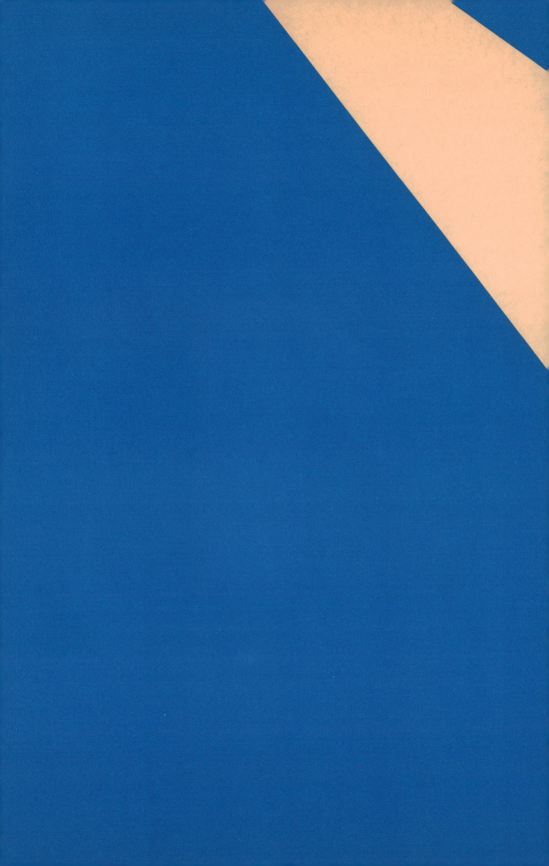

LUZ E ESCURIDÃO

Todos nós temos verões e invernos
no ciclo da vida. Mesmo que
não seja no financeiro... você tem o
verão e inverno no físico,
no emocional... são ciclos e
estações que precisamos atravessar
para chegar aos próximos.

A energia elétrica é uma forma de energia baseada na geração de diferenças de potencial elétrico entre dois pontos, onde se estabelece uma corrente elétrica entre ambos. Com essa transformação é possível gerar a luz.

Você não consegue ver a eletricidade, mas sabe que ela existe. Se colocar o dedo na tomada, sentirá o choque. Quando uma lâmpada está apagada, a luz é só um filamento. Quando se acende a lâmpada, a luz fica visível.

Hoje, eu ajudo as pessoas a mudarem o que está visível e a primeira coisa que faço é despertá-las para que mudem o invisível. Quando isso acontece é que conseguimos acender a luz. Para transmitir a energia, é preciso ligar o interruptor.

Meu atual desafio é despertar a luz interior das pessoas que cruzam meu caminho, ajudando-as a levar a sua voz para o mundo, despertar outras pessoas e criar uma corrente de energia capaz de iluminar quem está ao redor. Quando menino, eu brincava de acender e apagar a luz, fascinado com o mistério da eletricidade.

Meu nome é Rodrigo Ubiratan Cardoso, e a minha história começa com o primeiro *flash* de vida do qual me recordo, uma experiência marcante, com menos de 3 anos de idade: a sombra de meu pai partindo.

Meu pai Mauro e minha mãe Sueli se casaram cedo e, quando decidiram se separar, eu e minha irmã sentimos a ruptura. A despedida não poderia ter sido mais marcante: estávamos os quatro sentados nas escadarias de uma confeitaria em frente ao Parque Ibirapuera, em São Paulo, e ele me entregou um relógio do Mickey cujo ponteiro era a mãozinha do personagem.

O que eu não sabia era que aquele relógio não me daria a noção do tempo. Só consegui contabilizar os anos que ficaria sem ver meu pai, após aquele dia, muito depois. A partir daquele minuto, cronometrado no relógio do Mickey, só nos falaríamos por carta e eventuais telefonemas.

Não demorou muito para minha mãe se casar novamente. Foi dessa maneira que aprendi a chamar meu pai biológico de pai Mauro e o meu padrasto de pai Augusto.

O pai Augusto, com quem passei a ter mais convivência, era o tipo de pessoa que levava a educação muito a sério e me tratava como filho. Engenheiro de sucesso, era rigoroso e, mesmo tendo muito dinheiro, sempre dizia que eu tinha que valorizar cada centavo. Literalmente.

Eu me lembro que certa vez, quando já tínhamos nos mudado para Gurupi, no Tocantins, joguei uma moeda de 10 centavos no chão. Ele me olhou com uma expressão determinada, que eu nunca mais esqueceria. Disse que, para eu ter de volta aquela moeda, precisaria limpar a grama de todo o quintal, que era quase do tamanho de um quarteirão.

Levei algumas horas para concluir a limpeza do quintal, mas foi o suficiente para absorver um valioso aprendizado. Eu aprendia a dar valor para as coisas que tinha, fossem elas do tamanho que fossem. Aqueles 10 centavos tinham um significado e trabalhar para tê-los de volta foi doloroso, porque me mostrou que, quando não valorizava o que estava nas mãos, seria muito mais difícil reconquistar o que eu tive de mão beijada e não soube dar o menor valor. Era assim que, dia após dia, ele trazia seus ensinamentos, fazendo-me sentir na pele o que ele tinha para falar.

Só que o pai Augusto, como todo mundo, também tinha suas sombras. Naquela época, eu ainda não sabia o que era alcoolismo e muito menos que os copos de uísque que ele bebia ao longo do dia faziam tão mal. Por mais incrível que pareça, mesmo sendo uma pessoa bem-sucedida, por causa desse lado mal resolvido, ele entrou num buraco negro do qual nunca mais conseguiria sair.

Nessa época, curado do trauma de estar distante do pai biológico, eu me afeiçoava ao pai Augusto e agradecia por tê-lo em nossas vidas. Morávamos numa casa com piscina e, ainda por cima, vez ou outra, eu podia ir de cavalo para a escola, um verdadeiro luxo na região.

Quando ele me chamava de Bombereto, um apelido que tinha dado porque eu dizia que ia ser bombeiro, eu me sentia alguém importante. Ele cuidava de mim como quem cuida de um filho.

De dia, adorava brincar com os cachorros, que assustavam quem passava pelo portão. Eu me sentia protegido dentro de casa. Só que, se os cachorros pareciam perigosos, ninguém supunha que o perigo de verdade morava lá dentro.

O alcoolismo do pai Augusto começou a incomodar minha mãe, que se via impotente depois de inúmeras tentativas frustradas de ajudá-lo a vencer o vício. Numa noite fui acordado por um estrondo. O pai Augusto estava alterado pela bebida e quis me acordar para brincar. Minha mãe, nervosa, o impediu e pediu que ele me deixasse em paz, mas ele insistiu. Ninguém sabe ao certo por que ela resolveu pegar o revólver que estava guardado na gaveta do quarto deles – parecido com a arma com a qual ele me ensinava a atirar na fazenda. Ela ameaçou meu pai Augusto: "deixa ele, senão atiro".

Embriagado, ele não acreditou que ela tivesse coragem, mas minha mãe acabou apertando o gatilho para assustá-lo e mirou na parede. Foi o suficiente para marcar o término da relação entre os dois. Mesmo que ele não tenha sido atingido pela bala naquele dia, a luz dele se apagou muito antes de sua morte, que aconteceu alguns anos depois, por causa da bebida.

Tempos depois, fui morar com a minha avó Guaraci, mãe do meu pai biológico, o Mauro.

A vó Guaraci era o tipo de avó que todo mundo queria ter. Quando ela chegava na nossa casa, dirigindo seu fusquinha prata novinho, eu sabia que ia ter novidade. Generosa, resolvia a vida de todo mundo. Para as crianças dava bombons e sempre escondia um dinheirinho nas coisas dos netos.

Talvez a infância de restrições tivesse feito dela uma pessoa que não queria ver ninguém passando aperto. Filha da bisa Alcina, fugiu com a própria mãe, de trem, para São Paulo, para tentar a vida de um outro jeito. Primeiro foi empregada doméstica, depois aos poucos foi estudando e crescendo. Foi como a primeira corretora de imóveis da cidade de São Paulo que a bisa Alcina começou a mudar de vida e guardar dinheiro.

Cada vez que tinha dinheiro suficiente, ela investia num terreno, e desse jeito acumulava um patrimônio. Depois de tanto lavar a privada dos outros e apanhar na vida, tinha conquistado seu lugar ao sol. Só que, como o falecido pai Augusto, mesmo rica, ela contava centavos.

Ao contrário dela, a vó Guaraci não pensava duas vezes em ajudar quem precisasse. Mas não era só financeiramente que auxiliava. Quando eu estudava e tentava fugir das matérias de que não gostava, a vó Guaraci dava um jeito de fazer Geografia e História parecerem interessantes para mim.

Meu primeiro contato com "falar em público" veio por intermédio dela, que criava quadros sinópticos e mapas mentais para que eu estudasse com meus amigos na casa dela. De alguma maneira, ela conseguia criar teatrinhos e histórias que nos faziam entender tudo que precisássemos estudar.

A vó Guaraci era a parte boa de estar em São Paulo; a parte ruim era que eu era um menino do interior de Gurupi, que falava arrastado, carregava no "erre", e fui justamente parar num colégio onde os meninos mais riquinhos de São Paulo estudavam.

Das cenas que eu lembro bem, embora não goste de lembrar, estão os típicos casos de *bullying* que eu sofria, mesmo sem saber da existência da palavra. Como eu usava uma botinha Ortopé, logo na primeira vez que entrei no colégio virei motivo de piada e ganhei uma música que se tornava um hino assim que eu pisava na sala de aula.

Para evitar mais constrangimento, eu tentava me esconder e foi desse jeito que virei **o menino mais inseguro da classe**. Como meus colegas literalmente pegavam no meu pé, e eu tinha muito medo de briga, saía correndo assim que batia o sinal, e eles riam ainda mais de mim, quando isso acontecia.

Foi nesse período que mudei o ditado "diga-me com quem andas e te direi quem és" e percebi que na verdade o certo era "diga-me com quem andas e te direi para onde vais". Era assim que eu mergulhava nos estudos, acompanhado de colegas que também estavam interessados em tirar boas notas.

Era a minha avó que pagava a mensalidade do Bandeirantes, um colégio que tinha uma prova para quem quisesse ingressar e exigia muito dos alunos. No primeiro ano, entrei na repescagem. De tanto estudar, no ano seguinte mudei para a segunda melhor turma. No terceiro eu já estava na melhor sala, com professores exclusivos.

Eu era um menino que lutava com as minhas sombras conforme crescia, mas minha avó via dentro de mim uma chama querendo crescer. Eu ainda não conseguia enxergar, pelo contrário: fazia de tudo para me esconder das pessoas. Tímido, me dedicava aos estudos para não fazer feio na hora da prova, e sempre que estudava, lembrava da minha avó, que dizia: "estuda muito e passa numa boa faculdade para conseguir um emprego bom. De preferência numa faculdade de graça, porque a vovó não vai ter dinheiro para pagar".

Às vezes, à noite, depois que ela apagava a luz do meu quarto e ia dormir, minha mente se iluminava imaginando a magia da eletricidade. Eu queria entender como tudo aquilo funcionava e como as ondas magnéticas eram transmitidas. Foi nessa época que comecei a acreditar que poderia ser engenheiro.

Se a luz elétrica representava um mistério fascinante a ser desvendado, acreditava que os estudos fariam com que eu a entendesse. Em paralelo, acompanhava os altos e baixos da família. Via todo mundo oscilando financeiramente, ora com dinheiro, ora sem dinheiro, e acreditava que um bom emprego me livraria desses altos e baixos. A ideia de ser engenheiro ganhou mais força e, apoiado pela minha avó, prestei vestibular para Engenharia.

Lembro-me de que, na época em que fiz a prova, eu sabia que minha maior dificuldade seria tempo. Por quê? Porque eu me dedicava aos cálculos e depois à correção dos cálculos matemáticos e isso levava tempo. Logo, sabia que na prova não ia ter tanto tempo assim. Então, me internei na casa da outra avó, Elzira, e resolvi me dedicar a estudar as provas dos anos anteriores.

Durante sete dias, fiz sete provas simuladas da Fuvest, de anos anteriores, usando um cronômetro. Eu sabia que, se passasse na primeira fase, na segunda seria moleza. Na minha cabeça pensava: "se eu for engenheiro, não vou ser pobre e sempre vou ter emprego". Além disso, acreditava que um engenheiro da Universidade de São Paulo, a USP, jamais ficaria desempregado.

Nesses sete dias dentro do quarto, concentrado, eu descobri um padrão nas provas e entendi como deveria estudar e por onde começar a fazer a prova. Como eu era muito bom em exatas, a ponto de meu professor me perguntar se eu trabalharia com vendas ou seria cientista, sabia que a prova de Matemática não seria um desafio. Na verdade, eu achava que ser vendedor seria um desafio. Na época, respondi que eu queria ser um executivo. Como lembrava da minha mãe, que era vendedora e estava sempre instável financeiramente, acreditava que eu não seria capaz de viver naquela insegurança. Naquela época, se alguém me contasse que eu seria treinador e faria treinamento de vendas para as maiores empresas do Brasil, eu daria uma sonora gargalhada.

Só que, ainda no colegial, não passava pela minha cabeça fazer parte de qualquer área comercial. O que eu calculava era o tempo de prova da Fuvest. No dia da prova sabia que, se eu passasse para a segunda fase, estaria dentro da universidade. Quando saiu a lista dos aprovados, lidei com um erro grave do qual nunca vou me esquecer. Abri o jornal e nada do meu nome na lista. Fui para o quarto, desconsolado, enfiei a cabeça no travesseiro para abafar o choro e fiquei pensando em todo o tempo que tinha dedicado aos estudos. A sensação de fracasso fazia todo o meu corpo doer.

Foi então que o telefone tocou. A vó Guaraci atendeu e ouviu a voz da Sheila, a filha dela de criação, dizendo que eu tinha sido aprovado. Minha avó, com o jornal em mãos, achou estranho. E, embora eu tivesse acertado a maioria das questões, o jornal tinha errado meu nome e colocado uma vogal a mais. Na lista, o tal Rodrigio Ubiratan Cardoso era eu, fora da lista interminável de Rodrigos que eu tinha procurado.

Ainda lembro de como o rosto da minha avó ficou iluminado, quando viu meu nome escrito na lista de aprovados. Provavelmente ela enxergava em mim um engenheiro em potencial. Foi assim que, conforme previsto, consegui passar na segunda fase e, embora tenha ingressado em Engenharia Civil – e não Elétrica, como eu desejava –, comemorei com tanto gosto que as fotos em que estava desenhado o nome USP na minha testa foram parar nos outdoors de São Paulo.

Nessa época, nascia dentro de mim um jovem determinado. Como eu sabia que estudar focado tinha feito com que quase entrasse na faculdade que queria, interpretei a pergunta do professor como um grande desafio, quando ele disse que, para ser transferido para Engenharia Elétrica, que era o meu verdadeiro sonho, o aluno precisaria ser o melhor aluno da Civil, torcer para ter vaga, e que seria quase impossível. "Melhor aceitar a Engenharia Civil e continuar por aqui", ele disse.

Foi nesse período que eu mergulhei nos estudos com tanta intensidade que, seis meses depois, consegui a transferência para a Engenharia Elétrica. Entusiasmado e energizado com a conquista, mergulhei de vez nos estudos.

À medida em que os anos foram passando, descobri que tudo aquilo que achava que seria mágico dentro da Engenharia era uma complexa equação matemática. E não era da Matemática que eu gostava.

Mesmo assim, apostando todas as fichas no neto que ela considerava brilhante, minha avó dizia: "seja sempre o melhor funcionário que puder ser, porque, se tiver demissão em massa, você fica. Se tiver promoção, você é o escolhido". Eu sempre tentava fazer mais do que era pago para fazer. Como ela queria que eu fosse o presidente da empresa, eu ficava intrigado desde menino: "mas vó, e depois da presidência, onde chego?" E ela respondia: "Ah, Rodrigo... depois você se aposenta".

A aposentadoria, para ela, era o fim da linha. O tal do INSS, ao qual ela se referia, cuja sigla descobri que realmente significava "Isso Nunca Será o Suficiente", parecia sustentar os sonhos dela, mas não os meus.

Logo notei que o plano dela era furado. Meu chefe, que estava na companhia havia muito mais tempo do que eu, não tinha a vida que eu queria ter nem dirigia o carro com o qual eu sonhava. Foi assim que entendi que não me fazia feliz contar lâmpadas e passar para a construtora como e o que fazer. Foi nessa mesma época que ouvi um japonês baixinho, que tinha pedido demissão de uma grande empresa, dizer: "eu prefiro ser cabeça de sardinha do que barbatana de tubarão".

Eu estava casado, já tinha saído da casa de minha avó, os filhos tinham nascido e, como previa, tinha um bom emprego como engenheiro, mas algo me dizia que aquele não era meu caminho. Eu era o melhor aluno que tinha entrado na melhor faculdade para ser o subordinado exemplar. Teria estabilidade, mas não emoção.

Depois de tanto esforço e energia despendidos na empreitada de estar onde eu achava que queria estar, resolvi que mudaria a direção. Saí da minha sala, apaguei a luz e pedi demissão.

APAGÃO

Talvez você já tenha vivido momentos da mais completa escuridão, aqueles em que você não vê luz no fim do túnel e acredita que a sua vida está por um fio.

É curioso como as pessoas que me observam em meus treinamentos hoje, da plateia, acreditam que sempre estive no palco, nasci sabendo o que queria fazer, estalei os dedos e encontrei meu propósito sem nenhuma dificuldade em chegar onde estou, ganhando o que ganho para realizar a minha missão, e criar uma corrente de energia que faz a luz de cada um brilhar.

A verdade é que toda vez que subo ao palco e olho para cada uma das pessoas que estão me ouvindo, sinto um compromisso genuíno de compartilhar tudo que sei, porque vejo nas pessoas aquele Rodrigo que um dia fui – um cara que precisava mudar de direção e de uma lanterna para iluminar o caminho.

Acredito que todo mundo pode se tornar um treinador de sucesso ou transmitir aquilo que tem de melhor e compartilhar com os que ainda não conseguiram encontrar a própria luz interior. Acredito nisso porque, na minha vida, já vivi apagões que imaginei irreversíveis e, principalmente, porque os caras que me inspiraram a sair do estado em que eu estava provaram que, quando nos comprometemos em dar nosso melhor, iluminamos quem está ao nosso redor e conseguimos criar uma corrente de energia capaz de acabar com qualquer apagão.

Mas, se hoje eu sei disso, naquela época, ainda estava apenas começando a perceber que existia um breu na minha frente. Assim que pedi demissão, entusiasmado com a ideia de ter meu negócio, acreditei que aquele menino brilhante podia tudo e montei uma empresa de projetos e instalações elétricas. Com a mesma velocidade que abri a empresa, eu a quebrei.

Casado e com dois filhos, via meu casamento desmoronar. Eu tinha feito uma promessa, ainda pequeno, quando vira meu pai indo embora, de que, se um dia eu tivesse uma família, não deixaria meus filhos sentirem a sensação de viver sem o pai. Por isso, evitava a separação a todo custo.

Ao mesmo tempo, tinha jogado a estabilidade para o alto para tentar ser empreendedor e perdido tudo. Dormia e acordava apavorado com a ideia de não ter como sustentar meus filhos.

Um golpe do destino, no entanto, fez com que a separação se tornasse inevitável. No dia em que abracei meu filho e me despedi dele, no papel de pai, revivi a dor da lembrança de ver meu pai partir. Justo eu, que achava que nada se compararia à dor e à frustração de ter quebrado a empresa, vivia um período que se comparava às trevas, com a materialização dos meus piores medos.

Nessa época, desabei, cheguei ao fundo do poço e perdi a coisa mais importante que carregava dentro de mim: a fé. Mergulhado nas noites escuras da alma, eu perguntava para Deus por que Ele fazia aquilo comigo. Até que, numa manhã despretensiosa, fui à palestra beneficente, cuja entrada era 1 quilo de alimento não perecível. Cheguei ao local e me sentei bem no fundo, onde não tinha iluminação, para não ser visto nem incomodado.

Foi quando um sujeito chamado Jober Chaves subiu ao palco. Era um homem negro, sorridente e carismático, daqueles que conquistam todo mundo com as palavras. De repente, eu estava ouvindo aquele cara falar sobre entusiasmo – que literalmente era ter Deus dentro de si. Só que, se eu não tinha entusiasmo, eu já tinha desistido de conversar com Deus e brigar com ele.

Não sei se você já passou por um apagão em sua vida, mas quando isso acontece, é como se você estivesse num quarto escuro. Eu só conseguia ver sofrimento e dor na minha vida e não entendia como as coisas tinham chegado àquele ponto.

Na escuridão dos meus pensamentos, quando ouvi o Jober pedindo do palco que escrevêssemos as metas para as nossas vidas, eu deixei o papel de lado. Sem fé em nada, eu não acreditava nem em mim mesmo.

Se eu não tinha cumprido sequer a promessa que tinha feito para mim, como eu poderia prometer algo para a minha vida? Como prometer se a gente não pode acreditar na própria promessa?

Eu era o cara que estava sem grana, acima do peso, infeliz e com um buraco dentro do peito causado pela separação. Eu era tudo aquilo que tinha evitado ser e aquela sombra me perseguia, de forma que eu não conseguia mais ter o brilho do menino que ia de cavalo para a escola, nem a gratidão daquele garoto que encontrava, nas pequenas coisas, motivos para agradecer antes de dormir.

Aquele Rodrigo também não conseguia enxergar nenhuma capacidade no garoto que um dia tinha sido o melhor aluno da escola e superado os próprios limites para entrar na melhor universidade pública do país. Eu sentia que era um fracasso completo. Pelo menos, era assim que me via naquele momento.

Por mais que achasse bonito o discurso do Jober naquele palco, quando ele pediu para escrever as metas, eu achava que aquilo não era para mim. Já tinha tido tantas metas na vida. Por que escreveria outras?

Aí, ele pediu para a gente fechar os olhos. Eu, que já estava sem enxergar nada diante de mim, fechei. Para a minha surpresa, foi naquele momento que consegui enxergar alguma coisa. Com a primeira experiência de visualização que experimentava, acompanhava as palavras do Jober, que dizia: "imagine que você está diante de um médico e ele te deu um diagnóstico de seis meses de vida".

Naquele segundo, senti um impacto. Tinha experimentado muitas maneiras de perder pessoas que eu amava e sabia o quanto era doloroso perder alguém. Sabia também como um buraco negro era capaz de sugar a nossa energia e nos jogar para dentro dele. Sabia que eu estava dentro daquele buraco e viver da maneira como eu vivia era como morrer lentamente. E sabia, acima de tudo, que tinha dois filhos e queria que eles tivessem um pai de quem se orgulhassem.

O que você quer fazer e ainda não fez? O que gostaria de viver ou ser? Enquanto ficar apenas sonhando sem levantar da cadeira e entrar em ação, você vai continuar vivendo numa Terra de Ninguém.

Ainda de olhos fechados, eu sentia cada palavra como um golpe certeiro:

A Terra de Ninguém é uma Terra em que você não é infeliz, mas não é feliz de verdade. Você passa por essa vida dando desculpas para você mesmo e para as pessoas que ama, do porquê ainda não estar vivendo a qualidade de vida que você merece.

Quando abri os olhos, meu rosto estava coberto de lágrimas. Elas vinham de dentro e a força delas me fazia perceber que ainda existia uma chama ardente dentro de mim.

Foi então que peguei o papel que tinha deixado de lado e comecei a escrever todas as metas que eu queria na minha vida. *Quero uma família legal, prosperidade financeira, quero morar num lugar onde possa pegar onda...*

Mesmo que aquilo parecesse absurdo, já que era um sonho que eu carregava comigo desde pequeno, nunca tinha imaginado a possibilidade de aprender a surfar depois de tantos anos. Mas, se eu podia sonhar, eu podia realizar. Enquanto eu escrevia, o Jober dizia que o papel aceitava tudo e, por isso, não deveríamos poupá-lo dos sonhos que sentíssemos desejo de realizar.

Foi ali que nasceu o meu porquê. No dia seguinte, eu acordei para correr e me livrar dos 10 quilos extras que faziam meu corpo ficar mais pesado. Nos dias que se passaram, mesmo sem saber que eu correria a São Silvestre no final daquele ano, eu despertava para uma nova vida e sabia que um dia faria pelas pessoas o mesmo que aquele cara tinha feito por mim. Eu sabia que queria levar a minha voz para o mundo, transformar as pessoas e treinar mais pessoas para que despertassem o potencial de outras tantas. No dia deste renascimento, fui preenchido pela minha missão e pelo meu propósito de transformar vidas. Sabia que o caminho seria longo e que teria que enfrentar medos e desafios que eu nem imaginava quais seriam, além de uma nova estrada, que mudaria a minha trajetória por completo, mas existia uma certeza que vinha do coração e me guiava. Era uma esperança que vinha com fé, coragem e determinação e passava a significar uma intensa vontade de viver.

Nascia a vontade de fazer a diferença na vida das pessoas. Eu entendia que sozinho seria muito difícil, e se aquilo tinha sido providencial em minha vida, poderia ser na vida de outras pessoas que estivessem passando por momentos de escuridão como os que eu tinha passado até então.

Livre do curto-circuito que tinha provocado em minha própria vida, eu não era mais um engenheiro, mas finalmente tinha entendido a magia que envolvia estabelecer uma conexão entre dois pontos com diferentes potenciais entre si e, através da transformação, gerar a luz.

Eu estava pronto para iniciar minha nova jornada.

O LAPIDÁRIO

O diamante é o elemento mais duro e resistente da natureza. Ele é obtido sob altíssimas pressões a partir do magma presente no interior da Terra, bem abaixo da crosta. Seu processo de produção passa por vários estágios. No garimpo, ele é encontrado nas pedras e precisa ser separado da terra e dos detritos.

Dizem que um diamante bruto tem um brilho inconfundível, mas o processo de lapidação dele não é simples. O único elemento capaz de cortar um diamante é outro diamante. Por isso, o lapidário é muito mais que um especialista: ele é um artista. Precisa de paciência e muito estudo para observar a cor, os ângulos e a refração de luz do diamante. Até mesmo uma pedra de baixa qualidade pode brilhar mais quando está nas mãos de um bom lapidário.

Hoje eu vejo cada pessoa que encontro como um diamante bruto que precisa ser lapidado, mas sei que na lapidação humana é preciso respeitar as individualidades, porque, assim como os diamantes, um ser humano nunca tem as mesmas características que o outro.

Quem enxergaria dentro de mim esse brilho seria o Jober. Eu me aproximei dele para entender como era possível desenvolver outras pessoas e despertá-las. Mesmo que eu não estivesse desperto.

A primeira providência foi comprar o curso de leitura dinâmica que ele oferecia. O valor era 180 reais, que eu parcelei em três vezes, na esperança de me aproximar dele. Mas, logo quando cheguei à aula, vi que quem dava o curso era outra professora. Sem desistir do objetivo de chegar mais perto daquela figura que tinha me conquistado, fui até à escola de leitura dinâmica e ali começou a nascer um sonho. Passei a dar aulas de leitura dinâmica e memorização. Só que o Jober conseguia enxergar algo que eu não via em mim. Por isso, me apresentou um plano: "se você me ajudar a vender a leitura dinâmica e memorização, vai ganhar 20%. Se fizer 100 matrículas durante três meses, se torna um franqueado. Aí, em vez de ganhar 20%, passa a ganhar 80%, e pode abrir sua escola e me pagar 20%".

Meus olhos brilharam. Aquele valor era cinco vezes maior do que eu ganharia como engenheiro formado na USP. Aceitei sem pensar duas vezes. Foi assim que me tornei franqueado dele e a aproximação que eu planejava se tornava ainda maior.

Comecei a vender porque acreditava muito naquela ideia de leitura dinâmica e na memorização. Eu pensava o tempo todo que, se soubesse disso quando estava me preparando para o vestibular, teria sido muito mais fácil, mas na época não conhecia as técnicas. Então, eu acreditei tanto que minhas células transbordavam. Eu achava que podia ajudar muita gente.

Ele sabia que tempo e pressão fariam uma boa lapidação e foi despertando meu interesse em viver, em desenvolver outros talentos, ampliar visões; ao estimular meus sonhos e acolher minhas dores, os primeiros raios de luz começaram a surgir.

Até que levei a ideia para o Centro Acadêmico de Engenharia. Eu ia vender um curso de leitura dinâmica e tinha até um roteiro preparado. Eu dizia que a aula de leitura dinâmica e memorização tornaria a faculdade muito mais fácil.

Seria a primeira vez que eu falaria em público.

Quando eu menos esperava, estava numa sala com muitos engenheiros do 1º e do 2º anos esperando que eu fizesse a apresentação. Na verdade, eu achava que seria simples e, pouco antes de pegar o microfone, me lembrei de uma apresentação que tinha feito no colégio.

Foi um teatro preparado para a Feira de Ciências. Fui o diretor e ator da peça. Na época, peguei algumas latas de óleo num terreno baldio, abri as latas, coloquei soquete, lâmpada, papel celofane, luz vermelha, luz azul, fiz os *spots* de luz de várias cores, e arrumei uma capa de mago para passar a mangueira do extintor dentro de mim, para que ninguém visse e eu pudesse simular o poder de um mago.

Quando entrei em cena, todo equipado e com uma música de fundo, dei o sinal e meu amigo, que estava atrás do palco, apertou o extintor para que eu surpreendesse a plateia. A verdade é que eu nunca tinha apertado um extintor na vida... imaginava que seria como fumaça de gelo seco. Porém, quando meu amigo ligou o extintor, o pó saiu e todo mundo começou a tossir, a se levantar e sair.

No dia em que fui apresentar minha palestra para a Faculdade de Engenharia, não tinha o extintor, mas nem precisou do efeito devastador para que todo mundo se levantasse e saísse antes do final da apresentação. Minha postura, por si só, já era tão ruim que mesmo muitos que estavam interessados no conteúdo foram embora decepcionados por terem perdido tempo comigo. Enquanto eu tentava reproduzir aquela palestra do Jober, que falava sobre metas e motivação, para vender o curso de leitura dinâmica no final, minha inabilidade conseguia espantar todos os possíveis clientes.

Quando a palestra acabou, sem nenhuma venda e quase nenhum público para aplaudir ou vaiar, pensei: *nasci para ser engenheiro mesmo. Nunca mais vou subir num palco na minha vida.*

Foi aí que surgiu o Jober. Como um bom lapidário, ele tinha assistido minha primeira apresentação, do fundo, para que eu não o visse. Ele me abraçou, olhou dentro dos meus olhos, e falou: "calma, Rodrigo...".

Eu respondi que não tinha porque estar calmo. Era um misto de vergonha e raiva de mim mesmo.

"Calma? Foi horrível... você teria vendido tudo... eu não vendi para ninguém, eu nunca mais subo num palco na vida, eu nasci para ser engenheiro mesmo, eu vou esquecer esse negócio todo".

Foi aí que ele disse, com toda a calma do mundo:

"Calma, que eu tenho uma boa notícia".

Parei de reclamar e olhei para ele, pensando em talvez ter uma esperança. *Será que ele viu alguma coisa que eu acertei?*, pensei. Ele olhou dentro dos meus olhos e disse:

"Pior do que foi nunca mais vai ser..."

Então o inesperado aconteceu. Ele quebrou meu estado de espírito e começamos a rir. Eu ria de mim mesmo, em vez de ter pena. Eu olhava para o que tinha feito e conseguia enxergar que ali era o fundo do poço e pior que estava não dava para ficar.

"Cara, você acredita em mim?", eu perguntei, incrédulo.

"Claro que eu acredito", ele falou.

Nesse dia eu entendi a importância de termos alguém ao nosso lado que acredita em nós antes de nós mesmos.

A primeira lição que ele me deu foi que eu precisava me soltar.

"Você não faz uma palestra parado no meio do palco, falando que está entusiasmado... Palestra é presença de palco. Você é um cara que transmite energia, então a primeira coisa que eu acho que tem que fazer é um curso básico de oratória".

Aquele *feedback* era o que eu precisava, e fui fazer um curso básico de oratória. Nesse curso, eu aprendi algumas coisas bem básicas, mas que me ajudaram. Muita coisa que aprendi ali nem se aplica hoje, porque era uma oratória meio antiga, mais formal, que ensinava as pessoas a falar: *senhoras, senhores... todos sejam muito bem-vindos*, com entonação e coisa e tal.

Na mesma época, chegou às minhas mãos o livro de um sujeito chamado Anthony Robbins. O título do livro era *Poder sem limites*. Conforme eu lia o que aquele autor tinha escrito, eu me conectava com a história de vida dele. Quando ele contava sobre o que tinha vivido, eu pensava: *esse cara é como eu*. Parecia que ele realmente estava falando comigo. Conforme eu lia cada página, pensava: *não é possível que todo mundo sinta a mesma coisa que eu*.

Minha maior questão era: como ele conseguiu chegar aonde está? Como conseguiu superar tudo isso? Eu ainda estava começando a enxergar saídas para a minha vida, mas via que existiam possibilidades maiores do que aquelas que eu poderia imaginar. Via que outras pessoas tinham conseguido transpor obstáculos ainda maiores, e aquilo me dava força.

Mergulhado nesse universo do desenvolvimento pessoal, tomei uma decisão: conheceria o Anthony Robbins, ou Tony Robbins, pessoalmente.

Em 1997, não sabia falar inglês direito e o curso não tinha tradução, então, convenci dois amigos que falavam inglês a irem comigo. Arranjei dinheiro, parcelei no cartão de crédito e, quando percebi, lá estava eu, levantando a mão, quando ele perguntava "tem algum brasileiro aí?", com meus dois amigos. Só havia nós três do Brasil.

Eu ainda não tinha tido contato com PNL (Programação Neurolinguística) nem com o Richard Bandler, o cocriador da PNL, com quem fiz curso muito tempo depois, mas conseguia entender algumas coisas. Eu sabia que dentro do meu coração havia uma chama dizendo que eu faria algo parecido no Brasil.

Quando o Tony nos chamou para andar na brasa, e eu saí correndo do centro de convenções, dentro de um enorme shopping em Orlando, desci três lances de escada rolante, e fui o primeiro a chegar, entendi o que me movia e o que me levaria aonde eu queria chegar. Quando dei de cara com ele ali esperando, toquei na mão dele – que era três vezes maior que a minha –, e ele sorriu.

O sorriso dele vinha com um olhar que transmitia muito amor. Eu me senti iluminado. Aquele olhar foi marcante, como se falasse através da alma. Imediatamente pensei: é isso aqui que eu quero fazer.

Assim que voltei para o Brasil, meus cursos de leitura dinâmica começaram a ter resultados surpreendentes. Eu estava empoderado e conseguia confiar mais em mim mesmo, transmitir segurança nas palavras e – ainda que de forma tímida – trazer algum brilho nos olhos.

Ainda no avião, falei para uma menina que estava sentada ao meu lado: "Eu vou ser o primeiro brasileiro a fazer o Fire Walk". Ela riu e achou que eu estava maluco. Claro que assim que pisei em terras tupiniquins fiz a proposta para quatro amigos e para os amigos dos amigos. O convite era simples: iríamos no sítio da minha mãe e andaríamos sobre a brasa.

"Vocês são cobaias, se se queimarem, não reclamem", eu disse.

Fomos todos juntos, em quatro carros lotados, e todos andaram na brasa. Aquele momento me fez sentir que eu podia e conseguiria ir mais longe. Também acreditava muito no Jober, que tinha dito que pior que estava não podia ficar, então me envolvi com os estudos. Fui aprender o que não sabia e comecei a acreditar que podia transformar a mim e aos outros. No entanto, fiquei um tempo só dando aula, sem ir ao palco vender. Foi bem depois que comecei a fazer a venda ao vivo. Eu me lembro de que na aula inaugural, lotada, eu já me sentia diferente.

A performance foi muito melhor, e bati a minha primeira meta de 100 matrículas. Aquilo me deixou entusiasmado. Uma das pessoas da plateia me chamou para ir a São Roque. Na cidade, passei em todas as escolas do Estado e, quando cheguei ao cursinho, pensei: *quem está fazendo cursinho vai ficar louco com isso.*

Foi assim que, em três meses, eu já estava apto para a nova sociedade com o Jober. Nesse período, ele tinha conhecido um método que fazia as pessoas aprenderem inglês em oito semanas. Como eu era engenheiro da USP, era o cara que organizava as finanças dele. Então, éramos uma dupla perfeita.

Chegou um momento em que ganhávamos bastante dinheiro juntos. Mas, nessa hora, eu resolvi: "Jober, eu quero seguir o meu sonho, quero fazer no Brasil o que o Tony faz lá fora".

Foi quando pedi demissão e seguimos caminhos paralelos, mas o brilho nos olhos dele, que acreditava no meu sonho, fazia com que eu também acreditasse. Se o único elemento capaz de cortar um diamante era outro diamante, eu já estava pronto para fazer outras pedras preciosas serem capazes de brilhar.

ENTRANDO EM CAMPO

A pessoa precisa descobrir qual é a missão de vida dela, o que faz o sangue ferver, e os olhos brilharem.

No dia em que pisei no auditório da faculdade para fazer minha primeira palestra, quando falei para os alunos de engenharia, que acabaram me deixando sozinho no final e alguns até bateram a porta com força para que eu entendesse de uma vez por todas que ali não era meu lugar, pensei que *aquela coisa de falar em público* definitivamente não era para mim.

Se naquele dia alguém me dissesse que anos depois eu seria reconhecido como o melhor treinador do Brasil, eu certamente teria duvidado. Só que, se pior que estava não podia ficar, fui melhorando a cada dia e superando meus próprios limites, ou ultrapassando limites, como gosto de dizer, já que ultrapassar limites se tornou minha marca oficial.

Conforme eu percebia que era capaz de transmitir aquela energia no palco e transformar pessoas, entendia que existia um fator multiplicador: conforme eu empoderava as pessoas, elas saíam tão preenchidas que começavam a ter resultados em diferentes áreas da vida.

Eu estava absolutamente entusiasmado naquela nova fase da minha vida. Aquele cara cabisbaixo, que tinha sentado na última fileira de uma apresentação para não ser notado, começava a contagiar outras pessoas.

Eu só sabia que queria ajudar 10 milhões de pessoas, mas não sabia como fazê-lo . Então, me dei conta de que sozinho eu não conseguiria, precisaria criar um exército de ultrapassadores de limites.

Para fazer essas pessoas acenderem a própria luz, comecei a dar o melhor de mim, mas como toda jornada se inicia com um primeiro passo, não foi exatamente no meu primeiro evento ao vivo que eu senti o gosto do sucesso.

Aliás, meu primeiro evento ao vivo estava bem longe de ser algo parecido com o que o Tony Robbins fazia. O espaço que consegui foi a recepção de um hotel onde cabiam 30 cadeiras de plástico enfileiradas. Na apresentação, palestrava, fui técnico de som e administrava as demandas de cafezinho do intervalo e até os pagamentos.

Naquele momento, comecei a entender que não importava onde eu estava e sim aonde eu queria chegar. Se você está lendo este livro agora e pretende chegar a algum lugar, não importa como, o importante é começar. Pode ser que você acredite que esse sonho esteja longe e até mesmo tenha limitações que o façam acreditar que é impossível conquistar o que conquistei.

Talvez você saiba, talvez não, mas muitos palestrantes profissionais não são necessariamente pessoas extrovertidas. Muitos deles são introvertidos e até considerados pessoas tímidas. Porém, ainda assim, eles venceram o medo de falar em público.

Diz a lenda que Gandhi, quando se apresentava diante de uma plateia, tremia tanto que mal conseguia segurar algumas folhas de papel. Ele não conseguia sequer ler o que estava escrito. Foi este mesmo Gandhi que tempos depois se tornou um dos maiores líderes da história mundial.

Todo aquele nervosismo que eu tinha quando era convidado a falar em público e deixava transparecer na voz trêmula, o desconforto emocional que era reflexo do meu medo e que não me deixava parecer natural, foram ficando para trás.

Depois de 22 anos adquirindo experiência e aperfeiçoando meus treinamentos, percebi o quanto essa energia que se cria nesses eventos é poderosa. E no instante em que percebi a abundância que aquilo criava para as pessoas, conforme cada um realizava seu sonho pessoal, consegui materializar ainda mais sonhos que ainda não tinha tirado do papel.

Só que, como todo começo, houve grandes desafios a serem transpostos. Naquela época, quando eu estava começando, havia no Brasil uma cultura de que a empresa é que deveria pagar para o colaborador fazer treinamentos. As empresas me contratavam porque sabiam que eu motivava os vendedores, mas conforme eu mexia com o coração deles e criava a possibilidade de eles realizarem sonhos maiores, os colaboradores abandonavam a empresa.

Ou seja, depois que eu contava a trajetória de caras de sucesso – porque na verdade eu ainda não tinha uma história própria para contar –, as pessoas entendiam que deviam criar suas próprias trajetórias, e muitas delas pediam demissão para fazer outra coisa, nem que fosse serem donas do próprio carrinho de cachorro-quente.

A mensagem que ficava – depois da palestra – era que para ter sucesso era necessário ser dono do próprio negócio. Aquilo era um verdadeiro tiro no pé, porque as empresas não ficavam felizes com o resultado das palestras que eu entregava.

Certa noite, depois de deitar na cama e tentar entender o que eu estava fazendo de errado, lembrei das palavras da vó Guaraci: "faça mais do que é pago para fazer. Os contratantes *vão te adorar*". Então tive o clique: eu precisava mudar minha abordagem. Comecei a colocar no meu texto **seja extraordinário, seja o melhor você que pode ser**, dessa forma, eu continuava motivando os colaboradores, mas trazia o pensamento do Walt Disney: *faça seus sonhos virarem realidade, faça por meio do trabalho*. Adaptei a linguagem para a palestra, adequando à necessidade da empresa, comecei a prestar muita atenção no *briefing* e percebi o quanto isso era poderoso.

Eu gastava muita energia no *briefing*, para entender o dia a dia de quem ia me assistir, o vocabulário da empresa. Um dos melhores elogios para mim era, quando eu saía da palestra, ouvir o dono da empresa, diretor ou presidente dizer que parecia que eu trabalhava havia anos com eles, que minha mensagem tinha sido perfeita e que os participantes sentiam que não era uma palestra "enlatada", que eu verdadeiramente tinha estudado os desafios e as necessidades deles!

Geralmente, o pessoal de vendas e da base da empresa saía motivado para aumentar faturamento, melhorar o clima e conquistar metas, sonhos e ser o melhor colaborador possível. Quando eu comecei a acertar a linguagem, os resultados nas empresas começaram a acontecer.

O *feedback* melhorava a cada semana, porque eu fazia uma pesquisa profunda de cada empresa antes de entrar em cena. Enquanto meus concorrentes entregavam palestras enlatadas e não eram contratados uma segunda vez, eu incrementava as minhas falas, dizendo: "olha, gente, aprendi a traçar metas. Não vai dar tempo de demonstrar aqui, mas quem sabe um dia eu volte e a gente faça *isso aqui*" Eu dizia isso, sem saber o que eu estava fazendo, ou seja, sem imaginar que estava vendendo a minha segunda palestra. O fato é que algumas empresas começaram a gostar do que eu oferecia, sempre de maneira diferenciada, e passaram a me contratar consecutivas vezes. Percebi que estava acertando em cheio.

Para você que está lendo este livro e pensa em ser palestrante, agradar à plateia é obrigação de qualquer treinador ou palestrante. Você vai ter que agradar, isso é o mínimo que este livro vai fazer para você. Agora, encantar a sua audiência, num nível profundo e emocional, de forma que você deixe uma marca tão forte que eles queiram você de novo, isso é para poucos, e é a esse patamar que eu quero levar você.

O **Power Trainer Ultrapassando Limites** é o mais avançado Programa de Formação de Palestrantes e Trainers do Brasil. Eu diria que, com esse processo altamente eficiente e prático, qualquer pessoa consegue despertar para a missão de transformar vidas e ir para um patamar diferenciado e elevado. Independentemente do tema, um palestrante ou trainer tem o propósito de tornar os participantes dos treinamentos pessoas melhores e mais capacitadas na vida profissional e pessoal. Nessa jornada de transformação, hoje eu sou capaz de impactar vidas num nível acima do ordinário e fazer as pessoas terem resultados acima da média.

Se você é um gerente, um colaborador, um líder de área na sua empresa, e quer conduzir uma reunião e gerar impacto, a ponto de as pessoas falarem: *caramba, eu quero ouvir esse cara de novo porque ele mexeu com a gente*, você precisa saber que **transformação só acontece com emoção.**

Você pode ter o melhor conteúdo do mundo, mas se quer ser um Power Trainer e causar um nível de transformação, vai precisar abrir o coração do seu público e impactar quem está na plateia.

Naquela época, eu acreditava que, no Brasil, quem contratava a palestra era a empresa, então, o que aconteceu? Eu abandonei o **Ultrapassando os Limites**, que era o meu grande sonho de transformar pessoas e fazê-las ultrapassar limites. Durante muitos anos da minha vida, fiquei nas empresas, com agenda lotada, ganhando dinheiro, e já estava entre os dez maiores palestrantes do Brasil.

Foi nesse período, com a agenda lotada, que entendi que ter sucesso era diferente de ganhar dinheiro. Eu estava ganhando dinheiro, mas não tinha tempo para mim. Já estava bem posicionado e vivendo numa zona de conforto, só que não estava feliz. Como eu não estava feliz? Estava trabalhando que nem maluco, cobrando caro, com o trabalho dos sonhos de muitas pessoas, só que não tinha mais tempo. Eu não tinha tempo para os meus filhos, não tinha tempo para viajar, não tinha tempo para as férias, não tinha tempo para mais nada.

Foi nesse período que aprendi uma coisa na minha vida: cuidado ao traçar metas. Se você colocar toda a sua energia apenas numa área da vida, pode acabar com a sua saúde, com o seu casamento, você pode acabar. Então, aprendi na prática que, ao traçar metas, é preciso aprender a equilibrá-las.

Tudo bem ser um empresário de sucesso, mas você reserva tempo para seus filhos? Porque na hora que você estiver morrendo, não é do dinheiro que vai lembrar. Você vai lembrar dos momentos que estava com seus filhos, com a sua esposa, com seu marido, com as pessoas que amava.

Hoje, depois de aprender e apanhar muito da vida, sei *o que realmente importa*, como diz meu amigo Anderson Cavalcante em seu livro. Quando estou em casa, sei quais são as minhas prioridades. Se tem onda no mar, eu paro tudo que estou fazendo e corro para a praia. O surfe me energiza. Uma hora de contato com a natureza, com o mar, faz com que eu volte para o trabalho num estado ainda melhor.

Esse Rodrigo, renascido, tem uma capacidade muito maior de trazer entusiasmo e energia no palco, porque ele sabe se reabastecer e se nutrir de elementos da vida.

Para mim, hoje, é tão sagrado entrar no mar para pegar uma onda quanto entrar num palco. Há pouco tempo, eu disse para os meus sócios: "entrego o percentual que for da minha empresa para vocês, mas não me obriguem a ir para a empresa todos os dias, porque eu não vou. Tenho outras prioridades na minha vida além da gestão. Sou o cara do palco; vocês vão poder usar o meu nome à vontade. Eu amo transformar a vida das pessoas. Gosto também de surfar, de tomar vinho com a minha esposa, de estar com meus filhos e de viajar e, no mínimo, de três vezes por ano tirar férias. É importante alinharmos as expectativas e deixar isso claro. Vocês têm que saber que eu preciso de sócios, também, operacionais, porque não vou ser operacional, pretendo sempre estar no estratégico e proporcionar o crescimento nos negócios".

O pulo do gato nas palestras aconteceu quando, em 2013, percebi que poderia escalar o que eu fazia e impactar mais pessoas. Foi com o marketing digital que entendi que as coisas poderiam ganhar uma nova dimensão.

Nesse período, rejuvenesci como treinador. Criei um canal no youtube, movimentei as redes sociais e passei a entregar muito valor de graça, comecei a aumentar a minha audiência. O meu ticket triplicou de valor e possibilitou que eu conseguisse colocar centenas de pessoas dentro dos meus eventos. Todas essas pessoas estavam engajadas em mudar vidas, ultrapassar limites e descobrir seus Power Temas, missão de vida, o que faz o sangue ferver e os olhos brilharem.

No dia em que percebi que, além de ser treinador, eu conseguiria extrair o melhor das pessoas para que elas subissem ao palco e entregassem o melhor de si, compartilhando o que tinham, independentemente do tipo de conteúdo, encantando plateias e criando novas vertentes para seus negócios, vi que transformar vidas era uma tremenda responsabilidade – mais do que ficar no escritório esperando o telefone tocar para ser contratado.

Se hoje vejo grandes nomes como Christian Barbosa, Chris Franklin, entre outros palestrantes que se inspiraram em mim para subirem ao palco e compartilharem o conhecimento vasto que tinham em suas áreas, percebo que cada pessoa que consegue vencer o medo de falar em público e estruturar uma grande palestra é capaz de impactar mais pessoas ao mesmo tempo e, com isso, ter uma vida de significado, de crescimento e contribuição, fazendo diferença na vida de outras pessoas.

Grandes coaches começaram a aplicar minha técnica e a comandar a própria carreira, sem ficarem amarrados em conversas um a um; professores passaram a levar seus conteúdos de maneira mais impactante e transformadora; treinadores alavancaram seus negócios e milhares de pessoas perceberam que poderiam ter excelentes oportunidades que estavam sendo desperdiçadas – como dominavam assuntos específicos, poderiam compartilhá-los com um grande número de pessoas.

Quantas oportunidades você já perdeu por dominar um assunto e não saber compartilhá-lo com seu público? Quantas vezes já foi convidado para dividir o que sabe, mas não entendeu que poderia ganhar dinheiro fazendo palestras? Poderia conquistar sua liberdade financeira e sua liberdade geográfica? Ou seja, trabalhar porque ama o que faz e não por necessidade financeira? Trabalhar, viajar e conhecer novos lugares ao mesmo tempo?

Você já notou que existe uma oportunidade de negócio e poderia multiplicar seu conhecimento, fazendo mais pessoas aprenderem aquilo que você sabe?

Se hoje vivemos na era do compartilhamento, eu diria que esse é o grande compartilhar.

O que vale a pena na vida é compartilhar, transmitir, multiplicar. Não ser um simples palestrante, mas sim **ter uma oportunidade de negócio em mãos que pode mudar sua vida**.

Este livro vai ajudá-lo a chegar onde cheguei. E seu negócio pode ganhar novas proporções, preencher a sua alma, trazer liberdade financeira e geográfica e, de quebra, mudar a vida das pessoas que te rodeiam.

Eu vou ensinar como estruturar uma apresentação que vai encantar o seu público e gerar um negócio altamente lucrativo.

SEM LIMITES – NO CARTÃO

Cara, acredite. Você vai aprender e vai ganhar dinheiro.

Imagine só que essa frase foi dita para um cara que não tinha dinheiro nem para comprar pastel na feira para a filha. A situação dele era tão precária que quebrou o cofrinho da própria filha, pegou as moedas que ela tinha acumulado durante os anos e foi até a feira matar a fome.

Nessa situação, sem ter o que perder, ele passou o cartão. Nem sonhava como conseguiria os 15 mil reais para pagar o Power Trainer UL, mas ele tinha fé e confiava que aquela seria a última oportunidade dele.

Aqui vale lembrar que eu jamais prometeria nada que não pudesse entregar. Quando eu via situações como essas, de pessoas que investiam um dinheiro que não tinham, para adquirir o meu treinamento, eu sabia que precisava dar o melhor de mim. Sabia que eu precisava entregar, para um cara como esse, tudo aquilo que sabia, compartilhando todas as minhas estratégias de fazer um bom treinamento. Eu tinha certeza, tanta certeza quanto ele, de que ele colheria os resultados.

Era nessas horas que eu entrava no palco disposto a dar o melhor de mim, porque sabia que pessoas como ele jamais teriam uma segunda oportunidade de tentar e dependiam daquele momento para virar a chave das suas vidas.

O Cleison, esse cara de quem eu estou falando, estava motivado. Ele chegou no evento sem saber como pagaria a fatura do cartão de crédito. Ele nem tinha cortado o cabelo para economizar 20 reais para poder comer!

Quando eu soube da história dele, imediatamente me lembrei do dia em que eu estava no fundo do poço e tinha virado a chave depois de algo me despertar numa palestra. Eu entendia que precisava devolver aquilo para o mundo e tinha a oportunidade diante de mim. Era como se eu me sentisse na obrigação de retribuir a cada uma daquelas pessoas a oportunidade que tinha sido dada a mim. Todas elas estavam ali, de coração aberto, prontas para receber mais do que o conteúdo – elas estavam prontas para mudarem a vida e ultrapassarem seus limites.

O Cleison assistiu a todo o treinamento vidrado no que eu dizia. Ele sentia a autoestima voltando aos poucos e, quando saiu dali, teve uma grande ideia: foi de empresa em empresa convidar as pessoas para uma palestra grátis, mesmo sem nunca ter feito uma na vida.

Ele criou um grupo específico no WhatsApp e começou a entregar conteúdo. Resolveu falar com marceneiros sobre gestão para marcenaria. Ele podia falar como tirar uma empresa do vermelho para qualquer empresa, só que tomou a decisão de falar com empresas de marcenaria, que era o tipo de negócio que ele dominava.

Descobriu a dor de um dono de empresa de marcenaria e **eu aprendi naquele dia que, se você é uma pessoa que domina gestão e está num oceano vermelho, onde o mercado é muito competitivo, o menos é mais.**

O que ele fez nesse dia foi enfiar a faca na ferida – uma dor que ele bem conhecia e já tinha sentido na pele e fazer aquela ferida sangrar – sem tirar a faca e colocar um curativo para melhorar. Ele falava da dor e fazia as pessoas entenderem que tinha a solução para aquela dor. Num determinado momento de sua vida, ele tinha conseguido transformar a situação de outros donos de marcenaria, já tinha ajudado alguns a sairem do vermelho e se tornarem lucrativos, quando ainda tinha um trabalho de consultor, antes que a crise o pegasse de vez.

As pessoas que o seguiam começaram a entender que ele sabia do que estava falando. Aplicou todas as estratégias que ensinei no Power Trainer, convidou os proprietários de pequenas marcenarias para uma palestra beneficente e deu um ultimato: resolveu fechar o curso completo, com uma escassez real e um limite de vagas que o deixasse confortável para ajudar aqueles empresários.

De 50 pessoas que participaram do grupo de WhatsApp, 36 decidiram assistir à palestra de apresentação do método dele, que eu tinha ensinado como desenhar. O que eles não sabiam é que essa seria a primeira vez que o Cleison falaria em público, e sabiam menos ainda que ele nunca tinha vendido nada na vida. Ele não era vendedor.

Ele estruturou uma palestra exatamente do jeito que eu tinha ensinado, usando o meu método **com uma Power estrutura** e vendeu a mentoria no evento. Daqueles 36 participantes, 7 decidiram comprar e ele faturou o montante de 38 mil reais num dia, numa palestra, recuperando o dobro do investimento que tinha feito para aprender como repetir isso para o resto da vida.

O mais impressionante foi que, em pouco tempo, ele começou a ver resultados nas empresas que atendeu. Empresas que estavam no vermelho começaram a fechar as contas e, conforme essa mudança começou a ser significativa, ele pegava o depoimento dos empresários que tinha atendido.

Além de mudar a própria vida, o Cleison estava mudando a vida das empresas que atendia. Então, hoje, quando eu falo de corrente do bem, é a isso que me refiro. Quando o Cleison ou qualquer outro aluno me liga para relatar um resultado, eu me emociono, porque sei que, além de mudar sua vida, consegui fazer com que ele se transformasse e contagiasse positivamente a vida de outras tantas pessoas, com o efeito multiplicador de um treinamento como esses.

Um dia desses, falei para ele: "daqui a pouco vamos escalar... aí eu te ensino como escalar. Porque, daqui a pouco, com esses resultados que você comprova, vai continuar cobrando R$ 5.500,00, *só que não vai ter só 7 pessoas e não vai ter que fazer a mentoria um a um, vai fazer um evento de final de semana*, com 200 pessoas, que vão pagar R$ 5 mil cada uma para te ouvir". E é assim que está acontecendo.

Qual era o Power Tema dele? Quando a pessoa ensina o que conseguiu fazer para outras pessoas ou para si mesma, ela é o avatar transformado, quando ela viveu a própria transformação na vida dela, consegue mais que transformar outras pessoas – ela consegue inspirar através do exemplo.

Por isso eu falo que o seu maior ativo é a sua história.

Certamente você tem alguma coisa na sua história que pode transformar a vida de outras pessoas e é nisso que eu quero que as pessoas acreditem. **Você pode ter feito MBA em Harvard, pós-graduação em Massachusetts, mas o que vai conectar com o seu público não é o conhecimento. É a sua jornada. Os desafios que enfrentou e como conseguiu chegar onde você está.**

Cada vez que entro no palco e sinto a energia da plateia, percebo quantas pessoas podem mudar suas vidas transformando a si mesmas e transmitindo essa força para o mundo.

Há pouco tempo conheci a Marta Mulhule, um ser humano incrível que veio de Moçambique. Fiquei pasmado ao saber da história dela. Eu a convidei para palestrar, dizendo que a história de vida dela era um grande ativo. Ajudei-a a estruturar uma palestra. Chamamos de: "Os meus três grandes sonhos".

Assim que me deparei com os sonhos dela, fiquei comovido: o primeiro era dormir numa cama de verdade; o segundo era tomar chá com pão e o terceiro era comer com talher.

Ela era o tipo de pessoa que teve uma infância tão sofrida, que no dia em que entrou na escola e não tinha sapatos, pediu sapatos emprestados para uma amiga. Só que, no dia seguinte, ela percebeu que precisaria devolvê-los e não poderia entrar na escola descalça.

Depois que ela foi contando a sua história, estruturei sua jornada, contando como ela foi realizando cada sonho: a primeira vez em que dormiu na cama, em que tomou seu chá e em que comeu com talher.

O final da jornada dela é que agora ela ajuda as crianças de Moçambique a realizar sonhos que ela não pôde realizar na infância. Foi curioso quando, no meu evento ao vivo, a chamei para testar a palestra dela. Notamos o quanto aquele movimento era poderoso.

Ela contou a história dela pela primeira vez no Conquistando o seu Destino e não era para arrecadar qualquer doação, não era para vender nada, era apenas para eu testar a palestra dela antes de ela subir num palco para 2 mil pessoas no **Ultrapassando Limites**. Para nossa surpresa, ela levantou mais de 20 mil reais em doações espontâneas para as crianças de Moçambique. Todo mundo queria ajudar, mesmo sem termos pedido ajuda alguma.

O mais incrível é que o meu DJ Edgar, que hoje também é treinador e empresário de uma produtora de vídeos, sensibilizou-se e decidiu ir para Moçambique para fazer o vídeo contando a história dela, em estudo de caso, e dessa forma continua a corrente do bem, e as coisas mágicas se tornam reais.

A história da Marta não acabou por aí. Lembro-me de quando liguei para convidá-la a palestrar no **Ultrapassando Limites**. Ela ficou comovida e aceitou o desafio. Foi lá que ela deu um show para 2 mil pessoas. Propus uma ação para o seu projeto social com as crianças. Eu tinha levado 400 exemplares do meu livro *Faça diferente, faça a diferença.*

"Marta, vou doar o lucro da venda do meu livro para sua causa", falei, e ela topou. Após a palestra dela, todos os exemplares foram vendidos. Foi assim que um verdadeiro milagre aconteceu: 400 exemplares se esgotaram em menos de 10 minutos!

Depois da palestra, impressionado com a facilidade com que a história dela tocava o coração das pessoas, eu fiz o convite: "Marta, eu te dei o peixe, eu quero te dar a vara de pescar. Vem fazer o Power Trainer".

Foi maravilhoso tê-la como uma nova treinadora e passar todo o meu aprendizado para ela, que agora está fazendo os treinamentos e a quebra da madeira – de que falarei adiante – em Moçambique. Ajudando pessoas na África a vencer medos também!

A Marta foi tão impressionante que estruturou um treinamento com base na minha metodologia e na primeira palestra dela em Moçambique. Ela ofereceu esse treinamento para as pessoas que estavam na plateia. Foi incrível saber que ela atingiu a marca de 60% em vendas, ou seja, 60% das pessoas compraram o treinamento dela na hora!

Geralmente, eu converto entre 10% e 20% em vendas. Ela converteu 60%! Imagino que seja porque, até então, não tinha nada parecido com isso onde ela está. Ela está levando o desenvolvimento pessoal para Moçambique!

Essa é a sementinha que eu gosto de plantar. Quando mensuro o alcance disso, percebo que o meu trabalho está sendo capaz de ajudar crianças em Moçambique, porque um dia eu tomei uma decisão. Isso é muito forte. Cada uma dessas pessoas que aprende a acender a própria luz nos meus treinamentos torna-se um ponto de luz que está iluminando o planeta. É maravilhoso isso, portanto, falo que é uma missão. É a minha missão, minha vida está exigindo isso porque eu percebi – fora da Engenharia – como acender a luz.

A SOMA DE TODOS OS MEDOS

Todos nós temos recursos dentro de nós. Se você está dentro do seu estado de recurso poderoso, sai do temer para o querer.

Há 22 anos, eu me dedico a quebrar medos. Não tenho nenhuma vergonha de dizer o quanto eu já tive medos que me desencorajaram e me deixaram insone. Desde jovem, os meus três maiores medos eram:

1. Sofrer algum acidente ou algum tipo de doença que me impedissem de sustentar meus filhos. Esse era um medo tão profundo e tão marcante que eu não tinha coragem nem de verbalizá-lo;
2. Ter perdas financeiras, passar pelo que meu avô e minha mãe passaram, do que eu vi acontecer ao meu pai biológico; medo de dívida, da pobreza, de ficar sem grana. Era um medo muito forte que eu tinha, por causa dos altos e baixos financeiros;
3. Não poder ser o pai que eu queria ser para os meus filhos, ou seja, não estar presente, como eu não tive a presença do meu pai biológico.

Por incrível que pareça, eu vivi todos eles em minha vida. Só depois que vivi os três medos, consegui entender que, apesar deles, eu estava vivo.

No livro *A mágica de pensar grande*, o dr. David Schwartz diz que "ação cura medo". Lembro que aquela frase curta, naquele momento, fez todo sentido para mim. Quando eu trabalhava como engenheiro e estava com medo de pedir demissão, foi essa frase que reverberou no meu coração e fez tudo ter sentido. Lembro de ler: *quando você tem medo, cria um monstro enorme e feio; quando entra em ação, vê que ele não é nem tão grande nem tão feio assim.*

Por isso, uma das minhas missões nos meus treinamentos hoje é ajudar as pessoas a sentir esse monstro e o encarar. Através de técnicas neuroassociativas, ajudo as pessoas a sentir o tamanho, o cheiro, a textura desses medos e posteriormente a imaginar esses monstros transformando-se em palavras. Palavras escritas por elas mesmas numa janela de madeira numa sala fechada. Essa janela é a única saída dessa prisão. Quando elas quebram a madeira, sentem a energia da liberdade e da vitória fluindo em cada célula do corpo. Foi assim que entusiasticamente inseri a quebra da madeira nos meus treinamentos, que veio a se tornar minha marca registrada.

O que é vencer o medo? Vencer o medo é você se libertar, é conseguir enxergar liberdade e ver beleza e não escuridão, a luz e não a sombra. A quebra da madeira se tornou a metáfora perfeita para que as pessoas dessem vida aos seus medos, porque conforme eu as conduzo na visualização, por meio da linguagem hipnótica, faço com que elas sintam o cheiro, a temperatura, a textura e o tamanho dos medos que carregam dentro de si.

O medo nos aprisiona num quarto escuro. Com essa condução, faço cada um sair desse quarto escuro e ver a luz.

Você deve estar se perguntando: *o que a madeira tem a ver com tudo isso?* A madeira é uma metáfora, é a saída, é uma janela. Então, nessa metáfora, a pessoa com medo está num quarto escuro e diante de uma saída real que ela pode ver, sentir e tocar.

No início da visualização, essa é uma prisão aparentemente sem saída, sem porta nem janela. Uma prisão psicológica, real. É para essa prisão que todos nós vamos, quando estamos com medo, é lá que alimentamos esses medos e os fazemos crescer.

Medo de falar em público, medo da morte, medo da velhice, medo da escassez, medo de não ser suficiente, medo de não ser amado, medo do fracasso, medo do sucesso. Algumas pessoas temem até o sucesso, porque ele traz o peso da responsabilidade.

Quando faço a quebra da madeira, algumas pessoas começam a chorar porque lembram dos erros do passado e sentem o peso da culpa. Certa vez, num livro de Programação Neurolinguística, li que, quando uma leoa perde um leãozinho, que é o maior trauma da vida dela, ela se chacoalha toda. É assim que ela vence o trauma, pela fisiologia. Este livro explica que a maneira mais eficaz para os animais vencerem os traumas é pelo corpo. Na visualização, explico que o ser humano é o único ser vivo capaz de se culpar infinitas vezes pelo mesmo erro e por isso uso a mudança de fisiologia para quebrar este estado de culpa.

Assim vou dando vida aos medos. Faço as pessoas sinestésicas se identificarem, porque falo de cheiro, temperatura, tamanho, textura, que são submodalidades sinestésicas. Ao falar da voz, em seu cérebro, que lembra o passado, faço os auditivos se identificarem. E no futuro, ao trazer as piores imagens do que pode acontecer, se deixarem esses medos viverem e crescerem, acerto em cheio os visuais. Dessa forma, todos os perfis se identificam. Essa é uma habilidade que todo Power Trainer precisa ter, e que você vai aprender neste livro.

As pessoas se perguntam: *o que de pior pode acontecer? E se eu ficar doente? E se eu não puder sustentar minha família? E se as pessoas que eu mais amo se afastarem de mim? E se eu ficar sozinho? E se meu casamento não der certo? E se eu não casar? E se meus filhos me abandonarem? E se meus filhos usarem drogas? E se a minha empresa quebrar?*

O propósito é fazer os participantes refletirem sobre a armadilha que é ficar preso numa caixa depressiva no passado ou viver numa ansiedade corrosiva no futuro: *E se, e se, e se, um monte de dúvidas que te tiram da única verdade da sua vida, que é o momento presente, o aqui e agora, este exato momento.*

Agora você que está lendo essas linhas... Se neste momento está pensando no que tem para fazer ou deixou de fazer, está deixando de viver o momento presente. É o aqui e o agora, é a única verdade na sua vida. Se você parar para pensar, só vivemos o momento presente.

Foi assim que eu consegui fazer uma mulher do Rio de Janeiro, que não dirigia havia doze anos, voltar a dirigir; um executivo, que fumou a vida toda, parar de fumar; uma mulher, com síndrome do pânico, jogar os remédios fora, em cinco minutos. Isso é muito poderoso. A transformação de estado cria novas conexões neurais e abre um novo caminho, uma nova escolha de como lidar com a vida.

O sentimento que as pessoas descrevem neste momento da quebra da madeira é de intensa libertação e leveza. A sensação é de que elas, ao fazerem algo que consideravam impossível, se empoderam e viram a chave, mudam algumas crenças.

Elas percebem internamente que são muito mais fortes que imaginavam, porque constatam que, se foram capazes de fazer algo que lhes parecia fora do alcance, passam a questionar sobre outras coisas que acreditavam ser ou não ser capazes de fazer. É exatamente nesse ponto que a transformação acontece!

Eu me aproximo de um por um, sempre que possível, e encosto a madeira na mão esticada à frente, em posição de quebramento. Faço isso com os 10 participantes que estão no palco. Em outras ocasiões, faço isso em dupla.

No **Ultrapassando Limites**, meu evento ao vivo, 2 mil pessoas quebram a madeira, um segurando para o outro, e o resultado é fantástico e libertador. Posso sentir cada uma das 2 mil pessoas vibrando com a libertação dos medos e das limitações. Posso sentir, acima de tudo, o quanto consegui impactar e transformar um estado que já me aprisionou e aprisiona centenas de milhares de pessoas. Quando isso acontece, meu propósito se renova, como se aquele primeiro despertar tivesse valido a pena. Como se todas as dores e os medos enfrentados, em nome de uma missão que eu sempre tive como primordial, se evaporassem.

É fascinante presenciar um senhor de 98 anos, que muitos julgavam incapaz, quebrar a madeira, e pessoas como o Marcos Rossi, que nasceu sem os braços e as pernas, fazer a quebra da madeira, sob olhares atentos da plateia, com a cabeça.

Agora imagine que, quando ensino essa técnica para os meus treinadores, consigo fazer alguém em Moçambique levar milhares a ultrapassarem seus limites e enfrentarem seus piores medos, do outro lado do oceano!

O mundo é mesmo um grande território para acendermos nossa faísca e ajudarmos as chamas a brilhar por aí, você não acha?

UMA NOVA CHANCE PARA VIVER

Se você prestou atenção nos três medos que eu tinha na minha vida, deve estar se perguntando como cada um deles aconteceu. E é isso que vou contar agora.

Depois que quebrei a minha primeira empresa, me vi sem recursos financeiros e enfrentei o medo de não estar presente na vida dos meus filhos, meu terceiro medo era ainda pior: sofrer algum acidente que me deixasse incapacitado.

Talvez você já tenha vivido algo assim. É curioso como todas as pessoas que já estiveram diante de possibilidades reais de morte ou invalidez acabam mudando a maneira de encarar a vida.

Na época, eu estava lendo *O poder do agora*, de Eckhart Tolle, e não era exatamente o melhor momento da minha vida. Ao escrever minhas metas naquela palestra em 1995, quando o palestrante perguntou o que eu faria se eu só tivesse mais seis meses de vida, me lembro de ter escrito que gostaria de saltar de paraquedas, voar de parapente, asa-delta, mergulhar com golfinhos, aprender a surfar e experimentar muitos outros esportes radicais, desejos de alguém que tinha apenas 25 anos de idade e imaginava que a vida estava acabando e ainda queria experimentar muitas coisas.

Em dezembro de 2006, eu já pilotava parapente fazia dois anos. Subi numa montanha e saí voando. Estava em Governador Valadares, Minas Gerais, que é um dos melhores lugares do Brasil para voar. Lá comprei um variômetro, que indica se você está subindo ou descendo. Ele apita de formas diferentes para indicar a térmica ascendente ou descendente. Decolei, voei, e em vez de eu voar no instinto, como eu fazia, confiei no instrumento que acabara de adquirir. De repente, começou a fazer o barulho de ascendente e comecei a subir, subir, subir.

Só que tudo o que sobe também desce. Não sei se você sabe, mas a corrente de ar sobe numa espiral e ao redor dela se forma uma espécie de "cachoeira de ar frio", que te joga para baixo.

De repente, errei e fiz uma curva mais aberta e perdi a ascendente. Comecei uma descida rápida. Por mais que eu tentasse voltar para a térmica ascendente, não estava conseguindo. Eu comecei a descer, descer, descer e não conseguia subir mais. Quando procurei a área de pouso, percebi que não chegaria mais lá, não tinha mais altura. Se eu tentasse, eu podia cair no rio, o que era perigoso, porque poderia me enrolar nas linhas.

Então, resolvi fazer o procedimento de emergência e procurar um lugar para pousar. Eu estava tranquilo porque eu só precisava de um espaço para pousar. Achei um campo de futebol enorme. Como eu já tinha realizado a meta de ser paraquedista também, já tendo feito 300 saltos de paraquedas, estava acostumado a voar e a pousar. Sabia que deveria pousar com vento de frente, mas sem uma "biruta" para orientar a direção do vento, tinha aprendido que precisava olhar a natureza. Procurei alguma fumaça e encontrei. Pronto. Tudo certo! Sabia a direção do vento, tinha área de pouso. E lá fui eu, pensando: *Beleza, sei tudo o que eu tenho que fazer, vou para aquele campo.*

Aí eu comecei a descer, descer, descer, fiz todo o procedimento, curva em S, para perder altura e me preparar para o pouso que deveria ser tranquilo. Não demorou para eu perceber que aquele campo era rodeado de árvores enormes.

Ou seja, eu tinha que pousar no campo, não podia errar. Havia aprendido no curso que, quando você vê um obstáculo, tem que desviar dele. Lembro do instrutor falar que, se você vir uma árvore e tentar colocar o pé para evitar a colisão, não vai simplesmente quebrar o pé, vai esmagar todos os ossos do pé.

Comecei a perceber que não podia errar. E aí, o que aconteceu?

Eu estava descendo, pronto para o pouso. Era um campo de futebol do Clube Minas, e no momento em que eu estava mais próximo descobri que não era um campo, mas dois campos divididos por um alambrado enorme no meio. Agora, o meu campo de pouso estava dividido pela metade. Imagine um Boeing se preparando para pousar no Aeroporto de Guarulhos e, quando se aproxima, percebe que está no Campo de Marte.

Eu tinha que tomar uma decisão: pousar no primeiro ou no segundo campo? Pela altura que eu estava, calculei rapidamente que deveria passar o mais rente possível do alambrado e pousar no segundo campo para ter espaço suficiente e não bater nas árvores.

Foi quando eu fiz isso e perdi altura. Fiz cálculos mentais e passei, mas o que aconteceu de inesperado? O campo era de terra, não de gramado. Campo de terra e sol forte, então o resultado era ar quente.

No momento da reta final de pouso, fui surpreendido fatalmente por uma bolha de ar quente que fez o parapente subir. Isso era tudo que não podia acontecer. Diferente de avião, eu não tinha motor, não podia arremeter. Numa tentativa desesperada de descer e evitar as árvores, fiz uma curva forte, uma curva baixa. Perdi altura, como eu queria, e assim que corrigi a rota para tocar os pés no chão escutei um zumbido estrondoso dentro de mim, senti um forte impacto.

As testemunhas dizem que despenquei de uns 10 metros de altura nessa curva. Não deu tempo de arrumar para pousar. A primeira coisa que ouvi foi: "não se mexe, não se mexe, não se mexe". As pessoas começaram a chegar, tiraram meu capacete.

Estava com muita sede e implorei para as pessoas: "preciso de água, eu preciso de água". Elas me deram água, e a primeira coisa que eu fiz foi tentar mexer meus dedos. Quando meus dedos mexeram, eu pensei: *nossa, meu Deus, ainda bem*. Chamaram o SAMU.

Achei que não era grave, sentia dor, mas meu instinto dizia para não me mexer. Apenas pensava que tinha que pegar o avião para ir embora para São Paulo, já que o voo seria dali a algumas horas.

Os enfermeiros do SAMU imobilizaram meu pescoço, me colocaram na maca e me conduziram até o hospital mais próximo, em Governador Valadares. Em cada lombada que passava, eu via estrelas, doía muito. Já no hospital, eu falei: "pode falar para o médico me dar um analgésico, uma tala, alguma coisa? Porque eu preciso ir embora, eu tenho palestra amanhã e eu tenho que pegar o avião daqui a pouco".

Até então eu não tinha noção de que eu tinha fraturado alguma coisa. Foi quando o médico disse:

"Pode ligar para quem você tem que ligar, avisa que você não vai, você vai ficar aqui. A radiografia mostra que você fraturou a vértebra T12, que está 70% esmagada, e uma costela. Tem também outras microfraturas na sua vértebra. Vamos ter que fazer um colete para você ir até outro hospital, a gente não faz essa cirurgia aqui, então, você vai para Belo Horizonte".

"Doutor, o que acontece nesses casos?", perguntei.

"Cirurgia. Vão cortar suas costas, colocar titânio, ou platina. Você vai ficar com essas placas para sempre. Depois de alguns meses ou anos de fisioterapia, vai voltar a andar. Você teve sorte, mais um pouquinho pegava na medula e talvez você perdesse os movimentos", ele respondeu.

Liguei para algumas pessoas, mesmo sem conseguir entender que eu tinha corrido um risco de morte, e por causa do convênio, precisava voltar para São Paulo, não iria para Belo Horizonte.

A pergunta que não queria calar era: como ir? Uma alternativa era ir de avião. Fretar um avião custaria um valor em torno de seis dígitos. Era tudo o que eu tinha juntado. Eu disse para meu primo, que cuida do financeiro da minha empresa até hoje: "Beto, pega esse dinheiro e paga".

Porém, o médico me alertou que eu não poderia viajar de avião. Como eu estava deitado, podia acontecer algo com o meu pulmão e piorar meu estado. Eu teria que ir de ambulância, de Governador Valadares até São Paulo. Foram mais de 12 horas de viagem.

Quando cheguei a São Paulo, na Beneficência Portuguesa, meu amigo Roney, que é do meu Power Mind até hoje, chegou para me visitar. Nas mãos, ele tinha um presente. Havia levado para mim o DVD do *The Secret*, o documentário da famosa Lei da Atração, que tinha acabado de ser lançado.

Eu nunca tinha visto *O Segredo* e foi no hospital que, ao assistir ao DVD, conheci a história do homem-milagre. Aquele negócio da Lei da Atração começou a me movimentar.

Em 26 de dezembro de 2006, ganhei o melhor presente de Natal da minha vida até então. O dr. Montanaro, um neurocirurgião, ao segurar a radiografia, me perguntou se aquilo tinha sido acidente de moto.

"Não, eu caí de parapente", expliquei.

"Você é um rapaz de sorte", ele disse.

Sem saber o que ele falaria depois, comecei a chorar. Eu tinha visto a Lei da Atração e pensei: *alguma coisa boa vai acontecer*. Foi quando ele disse: "sou o médico que está trazendo para o Brasil uma cirurgia nova chamada cifoplastia". Perguntei para ele o que era e ele respondeu: "nós **não** vamos cortar suas costas nem pôr placa. Vamos injetar um acrílico biológico, que vai preencher sua vértebra e pronto. As microfissuras vão se curar sozinhas". Eu perguntei sobre as sequelas e ele falou: "vida normal. Você vai sair daqui andando. Vai usar colete por um tempo, e fazer uns dois meses de fisioterapia".

Eu não estava acreditando no que ouvia. Aquilo foi inexplicável. Um milagre!

Depois da cirurgia, no dia 28, ele disse: "e aí, vamos tomar um banho decente, finalmente? Pode sentar?!". Eu não sentava fazia nove dias e estava ansioso por isso. Quando levantei, ainda com dores, andei como o Robocop para o banheiro. Pela primeira vez, depois de tantos dias, eu tomaria banho em pé de novo. Eu me lembro até hoje de ligar o chuveiro e ficar 40 minutos debaixo da água chorando. Eu chorava por pura gratidão. Era gratidão. Senti que Deus tinha me dado uma nova chance. Não iria desperdiçá-la.

Acabei atraindo um dos meus maiores medos e percebi que poderia começar de novo. Naquele momento pensei que estava no lucro em minha vida. Todo o peso, o medo de ficar sem dinheiro, o medo da escassez, não fazia mais sentido. Eu estava em pé, eu estava andando. Naquele momento, minha vida mudou para sempre. Estava vivo. Tinha uma grande missão pela frente.

Percebi que poderia ajudar as pessoas a não precisar passar por um aprendizado tão duro para perceber a abundância que existe no universo quando se entra em contato com sua essência e decide ser o melhor que você pode ser.

Minha missão seria levar essa mensagem para o mundo. Ajudar pessoas a ajudar pessoas, a ser mais leves, mais felizes, mais bem-humoradas, mais amorosas! Gratidão, naquele dia, passou a ser a palavra-chave que faria ainda mais sentido na minha vida.

FAÇA SUA PARTE

No final de 2017, participei do evento do Tony Robbins em Palm Beach, como participante da equipe dele. Depois de vinte anos acompanhando aquele que considero o melhor treinador do mundo, e depois de ter feito quase todos os seus treinamentos, decidi me voluntariar para trabalhar no evento. Faria o que fosse preciso, poderia ser: abrir a porta, carregar o microfone, ser segurança. Ao chegar lá, no entanto, fui convidado para ser Leadership do Date

With Destiny e, além de contribuir, pude aprender ainda mais nos bastidores de um evento grandioso. Foi o octogésimo Date With Destiny da história e o maior, até então. Eram 4.500 pessoas, eu fazia parte da liderança dos staffs.

Hoje, no **Ultrapassando Limites**, tenho muitos voluntários, alunos que voltam para contribuir. Mas não os chamo de staff e sim de Anjos. Foi um termo que criei e acabou se popularizando em nosso país. Afinal, em minha opinião, é isso que eles são, Anjos na vida dos participantes. Eles vêm para contribuir, pagam seus próprios custos, deixam as famílias em casa, passam três dias comigo e com milhares de pessoas que decidem reescrever suas histórias, criar um destino para suas vidas.

Em uma época da minha vida em que eu estava quebrado financeiramente, machucado emocionalmente, eu tinha um conflito interno. Dizia para a minha terapeuta, uma amiga da minha mãe que naquela época me ajudava praticamente sem cobrar nada: "eu vou para o palco, falo de sucesso, de motivação, mas sinto que não estou sendo eu de verdade, não estou sendo íntegro, pois não estou vivendo isso em minha vida". Isso me incomodava muito.

"Tudo bem falar de quem você quer ser e não de quem você é, porque toda vez que falar de quem quer ser estará se curando. E, pode acreditar, esse é o caminho mais curto para se tornar a pessoa do palco fora dele também", ela dizia.

Aquilo aliviou a minha culpa e acabou se tornando uma profecia. Ainda hoje sinto que no palco estou inteiro. Sou a criança, o adulto, o adolescente e o ancião Rodrigo Ubiratan Cardoso, sou completo. Talvez por isso eu tenha tanto amor em ajudar as pessoas nos treinamentos e, agora, através deste livro, estou comprometido em ajudar você também a ser um parceiro de missão, que você possa ser um treinador que transforma vidas através do seu dom, de suas habilidades, mesmo que acredite que não tenha uma ainda.

Hoje eu sinto que o Rodrigo do palco e o Rodrigo fora dele são praticamente os mesmos. Eu me sinto grato. Não se trata mais de dinheiro, de reconhecimento, e sim de contribuição, amor, e de fazer uma diferença.

Esse compromisso me faz ser um ser humano melhor. Não sou perfeito e faço questão de escrever isso. Ainda bem! Quem de verdade é? Todos nós temos luz e sombra.

Trazer o Rodrigo da vida real para o palco fez diminuir essa distância. As pessoas sentem isso, sentem sua verdade, e isso fez maravilhas na minha vida e na vida de milhares de pessoas. Recomendo a qualquer treinador que evite máscaras, que seja íntegro, sincero, que não tenha medo de mostrar suas fraquezas. É isso que o torna forte, isso o torna autêntico.

Muitos dos milhares de participantes dos meus cursos se candidatam para serem selecionados e fazerem parte do meu grupo Power Mind. Aqueles que são escolhidos convivem bem de perto comigo, diariamente pelo grupo de WhatsApp e pessoalmente em viagens paradisíacas três vezes ao ano. É incrível o que acontece, quando eles podem conhecer o Rodrigo no dia a dia, fora do palco, e eu também tenho a oportunidade de conhecê-los mais de perto. Além de ser o mentor do grupo, tenho a chance de fazer amizades para toda uma vida.

Quando escapei vivo do acidente, e dois meses depois voltava a correr na praia, pensei que tive a oportunidade de fazer minha vida ser diferente. Tirar o peso da escassez, da falta, do medo me fez levantar a bandeira de ajudar as pessoas a vencer o medo delas também.

Percebi que sozinho não poderia atingir tantas pessoas quanto eu gostaria. Hoje, eu conto com a ajuda dos alunos da formação de Coach UL e principalmente dos Power Trainers UL, que fizeram a formação para se tornarem treinadores e ensinarem aquilo que também consideram sua missão.

Sem contar os Power Minders, Líderes, Anjos e todos outros! Que juntos possamos atingir o maior número de pessoas que desejam transformar suas vidas.

E, através desta obra, convido você a fazer parte desse time.

Estou certo de que, com as habilidades que você está prestes a aprender, e a prática delas, você terá uma vida de significado, propósito, contribuição e amor.

Uma vida na qual poderá fazer a diferença na vida de outras pessoas. Assim, juntos, poderemos fortalecer a corrente do bem.

Que você decida também ser um Anjo na vida de muitas pessoas e, com isso, preencha sua alma com o que realmente importa. Sinta a sensação de crescer e contribuir, o sentimento de amar! Vamos seguir juntos nessa jornada?

TIRANDO SONHOS DO PAPEL

Com papel e caneta na mão, você lembra que escrevi as minhas metas e sonhos pela primeira vez, como se restassem apenas seis meses de vida?

Sabia que queria tocar violão, aprender a falar inglês fluentemente, morar numa casa legal e, como o palestrante tinha dito para mirar a Lua – porque se eu errasse, acertaria as estrelas –, resolvi desejar tudo a que tinha direito.

Entendi quando ele disse: "a vida nunca vai dar a você aquilo que você achar que não merece. Você coloca o próprio limite em sua vida!". Hoje, se por acaso você achar que não é capaz de falar em público, ou conduzir uma reunião, de ser um treinador, de transformar vidas com o que sabe, com o que conhece, já colocou o seu limite.

Naquele momento, eu entendi que o limite estava dentro de mim, e foi por isso que dei o nome de **Ultrapassando Limites** a um dos meus principais treinamentos. Eu tinha uma grande vontade de aprender a surfar desde pequeno e falei que *seria legal morar de frente para a praia.*

Quando eu tinha uns 8 anos, eu sabia que, se tivesse uma prancha, aprenderia a surfar com facilidade. Foi aí que a minha mãe, com toda a boa vontade do mundo e com o dinheiro que tinha, se dirigiu até um supermercado e comprou uma prancha de isopor. Confesso que fiquei muito frustrado, porque não dá para ficar em pé numa prancha dessas. Agradeci e nunca deixei que ela soubesse disso.

Naquele dia que assisti à palestra do Jober, sentado na última fila, escrevi um monte de coisas! Imagine a minha situação: empresa quebrada, longe dos meus filhos, que não mais morariam comigo. Diria que experimentei o que é depressão. E onde geralmente descontamos esse sentimento? Na comida! Estava 10 quilos acima do meu peso. Então, uma das minhas metas era emagrecer. O poder de escrever no papel o que se deseja e não apenas deixar na cabeça faz você entrar em ação. No dia seguinte, comecei a correr. Eu corria 20 minutos por dia. Meu estado emocional já começava a mudar por causa da endorfina e as mudanças bioquímicas que acontecem quando praticamos esporte. Amo correr até hoje, corro quase diariamente. Como ele disse que era para pensar grande, então escrevi: *vou correr a São Silvestre.*

Emagreci os 10 quilos. No dia em que corri a São Silvestre, foi curioso, pois só treinava 20 minutos por dia e já estava há duas horas correndo! O percurso ainda não tinha terminado, eu estava acabado! Lembro-me de que passou um cara do meu lado e falou: "desiste não, campeão". Parecia que tinha assistido a minha palestra! Um outro passou e disse: "é só virar ali à direta que é a reta final!".

Aquilo me animou de um jeito... até a hora que virei a esquina, motivado, e vi que aquilo não era uma reta nem aqui, nem na China... era uma subida infinita, interminável, conhecida como avenida Brigadeiro Luís Antônio...

Quando eu comecei a subir, veio uma voz dentro de mim: *desiste, você não aguenta mais, está doendo tudo, termina andando.* E aí veio outra voz: *não, de jeito nenhum... um dia você vai ser treinador. Como é que você vai contar para as pessoas que você desistiu!* Preciso confessar que veio outra voz: *mas ninguém precisa ficar sabendo de nada disso.*

Apenas para essa história ficar ainda mais legal, desconsidere as 2 mil pessoas que chegaram na minha frente, imagine que eu estava entre os primeiros.

Agora, você vai entender o poder de um objetivo claro: quando vi um cara uns 10 metros na minha frente, nasceu uma nova meta. Eu pensei: *pelo menos desse aí eu vou ganhar!* Foi então que coloquei um novo objetivo, uma energia nasceu dentro de mim, e comecei a acelerar, acelerar, acelerar. Eu não acreditava que tinha mais energia, mas aprendi, naquele instante, que por mais que acreditasse que não seria capaz, que não aguentasse mais, sempre teria um pouco mais de energia para ir além.

Na minha cabeça, eu ia correr a São Silvestre e não andar a São Silvestre. Assim que eu cheguei ao lado dele, adivinha o que fez? Ele acelerou também!! Ah... Aí eu acelerei ainda mais, e ele acelerou, eu acelerei... o bom foi que a gente nem viu a Brigadeiro passar. Viramos à direita na avenida Paulista e passamos lado a lado pela linha de chegada.

Fico aqui imaginando que você esteja curioso para saber quem ganhou. Pois é, quem ganhou aquela disputa entre nós dois foi ele, por muito pouco, mas quem aprendeu muito fui eu!

Cheguei em casa e risquei do papel... Terminei a São Silvestre correndo. Isso dá uma energia muito forte, porque faz você acreditar que, se conseguiu uma vez, pode conseguir outras também!

Entendi e acreditei que era possível realizar os sonhos. Escrevi que eu queria encontrar uma mulher legal, uma esposa parceira de verdade, alguém que me completasse; que eu queria ter uma família com uma energia boa, que queria ter prosperidade, que queria viajar pelo Brasil, pelo mundo, que queria reunir meus filhos. E depois, tudo que eu escrevi, começou a acontecer. E a última meta que escrevi foi que um dia eu gostaria de fazer o que aquele palestrante fez por mim, me ensinando que era possível realizar nossos sonhos. Eu queria fazer isso pelas outras pessoas.

Foi aí que nasceu a missão de ser um treinador. Alguém que pudesse contribuir e fazer a diferença na vida das pessoas. Hoje, a missão evoluiu, hoje minha missão é que você seja meu parceiro, que também possa fazer a diferença na vida de tantas outras pessoas e, com isso, que possamos juntos, melhorar o mundo!

As metas materiais aconteceram e eu as cito aqui apenas para provar que, sim, é possível! Pois hoje sei que nenhuma meta material vai superar sua transformação interior, ou seja, o mais importante é Ser.

Ter é uma consequência de Ser!

Bem, por incrível que pareça, hoje moro numa casa na praia, e sou vizinho do nosso querido tenista Guga, que conheci enquanto pegava onda. No dia em que o conheci, eu estava sentado em minha prancha, tinha o reconhecido na água, mas respeitei a privacidade dele e fiquei na minha, embora, provavelmente como você, já fosse muito fã dele! De repente eu vi um golfinho.

Pensei: *essa* é a oportunidade! Eu nunca tinha visto um golfinho, enquanto surfava e achei que aquilo era raro, tinha acabado de mudar para Florianópolis. Pensei que o Guga iria me adorar por mostrar uma cena tão linda para ele! Daí eu falei:

"Guga, Guga, olha o golfinho!". Ele começou a rir... e disse:

"Isso não é golfinho, é boto, sempre aparece por aqui!"

Pensei comigo: *como é que vou saber que aquilo é um boto, não é um golfinho.* Para mim é tudo igual, golfinho e boto, mas foi o suficiente para quebrar o gelo e dizer que eu era escritor e queria dar um livro de presente para ele.

"Beleza, eu moro ali...", ele falou. Quando ele me mostrou onde morava, eu fiquei todo arrepiado, emocionado. Quem diria que um dia o mesmo garoto que fez toda aquela jornada seria vizinho de muro do Guga? Eu levei o livro para ele, e a gente acabou se conhecendo. Já tive a oportunidade de jogar dominó na casa dele. Ele é realmente a pessoa incrível e carismática que vemos pela televisão.

Das metas que escrevi, além de morar na praia, surfar e correr a São Silvestre, escrevi que queria tocar violão. No dia seguinte à palestra do Jober, eu fui correr, mas no mesmo dia passei numa banca e, com meu 1 real, comprei uma revistinha de música. Eu só sabia tocar uma música de três notas: dó, fá e sol. Só tinha um problema, eu não tinha violão.

Lembro que estava chegando em casa e encontrei meu vizinho "Hard". Um "Hard" é aquele cara que te puxa para baixo. Talvez você se lembre do desenho animado Lippy e Hardy. O Hardy era aquele que dizia: ó céus, ó vida, ó azar. Esse era o meu vizinho. Ele me perguntou:

"Que que é isso aí na sua mão?"

"É uma revistinha."

"Revistinha de quê?"

"De música."

"Para quê?"

"Para tocar violão."

"Mas você tem violão?"

"Não!"

"Para que você gastou dinheiro com a revistinha então?"

Fiquei com vontade de responder: *cara, vai se meter com a tua vida, me deixa em paz.*

Por incrível que pareça, tinha um outro vizinho que tinha um violão. Ele não tocava, aí comecei a perder a timidez e pensei: *o pior que pode acontecer, se eu pedir o violão emprestado é ouvir um não. Então, não tenho nada a perder.*

Comecei a perder aquela minha insegurança, aquela timidez, reuni toda minha coragem e toquei na casa do outro vizinho: "eu sei que você tem um violão e que não toca. Será que você podia me emprestar?". Ele me emprestou e falou: "claro... a hora que eu precisar eu pego de volta". Então, eu peguei o violão. Como eu não tinha tempo... o que eu fiz? Dormi uma hora mais tarde.

Aprendi que falta de tempo é uma desculpa. Sempre encontramos tempo quando colocamos a prioridade no que realmente importa. Em último caso, acorde uma hora mais cedo, durma uma hora mais tarde, cuide da sua alimentação, aumente sua energia. Quando o motivo é grande o suficiente, você supera as desculpas. As desculpas não contam.

Todos os dias, durante 90 dias, eu peguei o violão. A primeira nota que aprendi foi dó, depois fá e sol. Sozinho, três meses depois, já tocava minha primeira música: "La Bamba". Hoje eu brinco que sei tocar violão, só não entendo por que, quando começo a tocar todo mundo sai correndo. Deveria ter investido num professor. Mas o fato é que, para mim, tocar violão é terapêutico, gosto de tocar sozinho e ficar no agora. Presente, vivendo o momento.

Nas metas, também tinha escrito que queria um grande amor e um relacionamento saudável. E quem diria que eu me apaixonaria justo por aquela que considero a maior especialista de relacionamento do Brasil, que já tinha sido destaque em programas de renome como o *Fantástico* e o *Mais Você* algumas vezes. Mas eu não a conhecia.

Eu tinha sido convidado a participar do livro *Os gigantes da motivação*. Coincidentemente, vi a foto dela pela primeira vez na minha vida, no capítulo seguinte ao meu. Ela também era uma Gigante da Motivação! Quem diria que um dia se tornaria o amor da minha vida.

No dia 2 de outubro de 2008, fui convidado para participar do documentário *Você atrai o que transmite*, organizado por Aldo Novak, que trouxe o *The Secret* para o Brasil. Foi no Parque Ibirapuera, no dia da gravação, que eu vi aquela morena linda, chegando de óculos escuros, que também tinha sido convidada para o mesmo documentário. Seu nome: Rosana Braga. Confesso que achei que era "muita areia para o meu caminhãozinho".

Ao terminarmos a gravação do documentário, ela me convidou para ser entrevistado no programa dela, *Cá entre nós*, na ClicTV, do UOL, que conduzia com maestria naquela época.

Em 10 de dezembro do mesmo ano, lá fui eu todo empolgado. Levei um kit completo do meu material de treinamento para ela: livros, CDs, DVDs. A assessora dela disse que eu estava querendo algo mais. Realmente estava, mas ela parecia nem ter desconfiado.

Até que, no dia 3 de fevereiro de 2009, resolvi convidá-la para nos encontrarmos e falarmos sobre sua carreira profissional, e aproveitei para perguntar se ela aceitaria jantar comigo. Para minha alegria, ela aceitou!

No dia 12 de fevereiro de 2009, uma quinta-feira à noite, dei o primeiro beijo nessa mulher que viria a ser uma luz em minha vida. Naquele momento, um grande sonho começava a se realizar. Ter uma pessoa especial como ela ao meu lado fez a vida se tornar repleta de amor.

No Dia dos Namorados de 2010, nos casamos. Compartilhamos essa jornada chamada vida, lado a lado! Claro que temos desafios, como qualquer casal. Mas diálogo, respeito, amor e querer fazer dar certo deixam claro que o processo no relacionamento é uma construção. E o maior aprendizado que tive com ela até hoje, o qual não pode ser negligenciado por qualquer casal que deseja viver uma vida feliz, é de que não existe jogo ganho. Relacionamento é como uma planta, deve ser regado todos os dias. Quando você achar que o jogo está ganho, esse é o começo do fim.

Sou grato todos os dias por ter essa mulher ao meu lado, com tanta maturidade, amor, parceria e cumplicidade. Descobrimos juntos que o relacionamento é uma das melhores formas de evolução e aprendizado nessa experiência humana que todos estamos vivendo.

Como você pode perceber, aconteceu tudo muito rápido. Hoje, eu olho para a minha lista, com todos os sonhos realizados e sei que o papel aceita tudo, que a gente pode destravar os medos e conquistar tudo aquilo que sempre sonhou, em qualquer momento da vida.

AUTENTICIDADE É O NOME DO JOGO

Por que considero ser um Power Trainer uma atividade excelente? Porque você ensina o que ama, transforma pessoas e é bem remunerado por isso.

Imagina a satisfação que seria ter uma vida próspera e repleta de propósito, uma vida na qual você tem a consciência de que contribui com as pessoas ao redor e traz o seu melhor à tona para transformar e impactar pessoas.

Já sentiu aquela fagulha no peito pedindo para que você vivesse a sua missão? Teve a impressão de que podia voar alto, se soubesse como transmitir aquilo que sabe para outras pessoas? Como seria, se alguém olhasse fixamente em seus olhos e dissesse: *obrigado por um dia eu ter estado na sua plateia. Foi por ouvir suas palavras que a minha vida se transformou.*

Hoje quando recebo esse *feedback* depois de sair energizado do palco, mal consigo acreditar que um dia fui aquele menino que se escondia na escola para não apanhar ou aquele jovem empreendedor que acreditava que ser engenheiro era melhor do que se aventurar pelos palcos.

Talvez eu tenha perdido inúmeras oportunidades ao longo da vida, enquanto não tinha a habilidade de falar em público. Aliás, você já parou para pensar em quantas vezes desistiu de uma situação em que poderia brilhar? Quantas oportunidades perdeu dia após dia por inabilidade de falar em público com excelência? Já percebeu quantas vezes estava com o ouro em pó nas mãos, que eram a sua verdade, o seu conteúdo, o seu argumento ou sua ideia, e ficou com ele guardado, simplesmente porque não conseguiu sequer verbalizar aquela ideia em público?

Já vi empreendedores fecharem negócios ousados e inovadores com investidores em reuniões simplesmente porque conseguiam dissertar sobre um tema ou uma ideia de forma impactante. Essas pessoas, com brilho nos olhos, tinham tanta certeza do que estavam falando que levavam aquela certeza para o discurso. No final das contas, o que fazia as pessoas comprarem a ideia nem era a ideia em si, mas sim a energia e o brilho de quem estava apresentando.

Pessoas com brilho nos olhos, poder de retórica e energia vibrante inundam a sala de luz em qualquer ambiente e trazem um magnetismo que é raro de encontrar.

Felizmente já estive com muitas delas, que transmitiam algo que transbordava. Ao falarem, simplesmente todos ficavam praticamente hipnotizados.

Embora a comunicação seja essencial em nossas vidas, o medo de falar em público é o maior da humanidade. Você consegue imaginar isso? Segundo pesquisa do jornal *Sunday Times*, as pessoas têm mais medo de falar em público do que da própria morte.

Isso quer dizer que muitos de nós preferem morrer a ser convidados para falar em público. É mais ou menos como uma pessoa ir a um velório, ser convidada para fazer um discurso e preferir estar no caixão.

Brincadeiras à parte, geralmente não temos consciência do tamanho do medo de falar em público até surgir a oportunidade de nos pronunciarmos. Já conheci pessoas que não gostavam nem de participar de dinâmicas em grupo, porque gaguejavam e mal conseguiam pronunciar uma frase com coerência quando estavam sendo ouvidas por mais de duas pessoas.

O medo é como a fé. É ver algo que ainda não aconteceu. Só que a fé é positiva, e o medo é negativo. E o medo não é algo real, é algo que você cria.

Desde o começo da minha carreira, eu sabia que não queria simplesmente ensinar as pessoas a falar em público ou quebrar o medo delas de subir em um palco. Eu queria ensiná-las a emocionar o público.

Emocionar é muito mais do que dissecar um conteúdo, transmitir notícias ou falar durante horas sem parar. Emocionar é fazer as pessoas que estão ouvindo sentirem algo com o coração, em vez de apenas usarem o cérebro para assimilar informações. Emocionar é fazer a pessoa vivenciar uma experiência que ela levará para o resto da vida, que ficará marcada no DNA e a transformará.

Acredito que só a emoção é capaz de gerar transformação. Quando subimos ao palco e fazemos as pessoas se emocionarem, transmitimos o conteúdo de uma maneira muito mais potente e poderosa. É como se gerássemos energia para criar uma corrente de luz.

Já percebeu como ficamos fascinados quando uma pessoa cheia de poder pessoal, energia e conteúdo sobe ao palco? Mas já percebeu quantas pessoas você conhece que têm conhecimento, carregam propósitos de vida incríveis, mas não conseguem compartilhá-los em público? Algumas chegam a dar sono quando falam.

Quando criei o Power Trainer, a ideia era fazer as pessoas pegarem aquilo que tinham de melhor e mais genuíno dentro delas, o conteúdo, e encontrarem um propósito que as movesse a compartilhá-lo com as demais. Assim, aquela atividade de compartilhar o conteúdo e aprendizado de vida poderia ser um grande holofote a iluminar o caminho de quem ainda não conseguia perceber que existia o caminho.

Eu gostaria que você se imaginasse agora, por um instante, como um agente transformador de pessoas através do seu conhecimento e se sentisse uma pessoa mais realizada, inteira e completa por compartilhar aquilo que sabe. Já parou para pensar quanta coisa tem aí dentro para ser compartilhada?

Talvez você tenha prazer no que faz, mas não sabe transmitir sua mensagem para as pessoas que precisam ouvi-la, ou talvez esteja entediado com a rotina do seu trabalho e esteja ávido por mudança. Talvez você nunca tenha realmente imaginado a possibilidade de se tornar um treinador de sucesso ou mesmo alguém capaz de conduzir uma reunião de negócios com excelência, tranquilidade e facilidade. Ou você até pode ter sonhado em se tornar um palestrante ou treinador bem-sucedido, podendo aproveitar as vantagens dessa maravilhosa profissão, mas nunca conseguiu encontrar o caminho verdadeiro para que pudesse deslanchar sua carreira, sem competir tanto por um pequeno espaço nesse mercado tão concorrido, porém carente de profissionais competentes, e tão abundante para aqueles que aplicarem o conhecimento que você está prestes a receber neste livro.

Em alguns casos, existem medos que impedem a pessoa de transferir o conteúdo: o medo de vender aquele conteúdo empacotado numa palestra, ou a crença de que não é bom o suficiente para falar de determinado assunto num palco. Pode ser que você tenha medo do "branco", medo de esquecer.

Tenho uma amiga, que mora na França, e é excelente profissional na área de investimentos. Ela me disse que tem vontade de largar tudo sempre que tem de fazer uma apresentação. E sempre escuta no final: "você é tímida, né?". Isso acaba com ela.

Mas ela não é tímida, ela está tímida. Você não é, você está! Timidez e insegurança são "estados" de espírito que você pode mudar num instante. Como seria sua vida se aprendesse a se soltar, se divertir no palco, falar de coração e transmitir seu conhecimento com habilidade, segurança e maestria? Isso aconteceu com uma aluna minha, a menos de 12 horas antes de falar para 1,5 mil pessoas. Ela saiu do estado de Temer para Querer. Pois é um estado, é uma Escolha. E você vai descobrir que é mais simples do que imagina, quando tem ajuda profissional, e quando procura conhecimento como está fazendo ao ler este livro. Ela subiu ao palco e foi aplaudida de pé.

Quando eu criei o Power Trainer, sabia que era um curso para formar treinadores de alto impacto, treinadores de elite! Por isso, as primeiras perguntas que fiz a mim mesmo foram:

O que impacta uma pessoa quando ela assiste a uma palestra? O que a encanta?

Então, descobri: o que impacta é a emoção! Sem emoção não tem transformação.

Só que, a partir desta pergunta, surgiu outra. Como emocionar no palco, quando não se tem carisma?

A verdade é que descobri que carisma não se aprende. Carisma se desenvolve.

Quando entendi que qualquer pessoa conseguiria desenvolver carisma, percebi que encantar um público não precisava ser privilégio de poucos.

Não importa se você não foi tocado por um dom divino ou recebeu um talento natural para subir ao palco e fazer todas as pessoas sairem transformadas.

Qualquer pessoa que se dispõe a ser um treinador de alto impacto obrigatoriamente deve desenvolver carisma para emocionar uma plateia.

A verdadeira beleza do carisma desenvolvido em um Power Trainer é encontrar a força dentro de si mesmo. O poder da autenticidade é vital para que o carisma seja desenvolvido. De nada adiantaria eu dizer para você se tornar um imitador ou um replicador de conteúdo entusiasmado. Quando aceitamos quem somos, inevitavelmente contagiamos as pessoas que estão ao nosso redor e as iluminamos, como se déssemos a elas permissão de serem quem são.

Quando temos carisma, vibramos energia.

Porque carisma é, de fato, energia.

Já conheci pessoas com deficiências físicas que lidavam tão bem com suas características que o carisma nascia daquela aceitação de ser quem eram. Um exemplo disso é meu amigo José Luiz Tejon, que teve o rosto queimado na infância. Quando o Tejon sobe ao palco, é como se todos se conectassem com sua alma, de tão incrível que é seu carisma, que transborda e o faz conquistar a plateia quase que imediatamente.

Se você pesquisar a palestra do TED "Como você se define" ou "A mulher mais feia do mundo", de Lizzie Velasquez, verá que ela é aplaudida de pé no final de sua apresentação. Isso é autenticidade. Isso é carisma. Porque ela jamais tentou esconder aquilo que era. Ela simplesmente usou o que a incomodava como sua maior força. Desse poder natural, nasce uma força arrojada e indestrutível que beneficia não só a quem está no palco, como a comunidade como um todo.

Algumas pessoas são, de fato, mais carismáticas que outras. Mas uma coisa é unânime: **se você quer subir num palco e encantar pessoas, você precisa, no mínimo, desenvolver seu carisma**.

Você só emociona quando conecta e só conecta quando é carismático.

Para desenvolver seu carisma, basta você cuidar da energia e ser autêntico. Como cuidar da sua energia? Em primeiro lugar, vem a alimentação. Você nunca vai estar com a energia elevada depois de uma feijoada completa. Alimentos ricos em água farão uma enorme diferença. Em segundo, o sono, que também é importante. Aproximadamente oito horas de sono, ou o quanto seu corpo pedir, são essenciais.

Em terceiro, foco. Para onde vai seu foco, vai sua energia. Para onde vai sua energia, as coisas crescem, sejam Anjos, sejam demônios, luz ou sombra. Portanto, vigie diariamente o que repete para si mesmo. Caso contrário, você drenará sua própria energia e, pior, ninguém vai querer você por perto. Se você vive reclamando, drena sua energia e dificilmente será um Power Trainer autêntico e carismático, dificilmente será um treinador de elite.

O foco na gratidão, no amor, na contribuição e em fazer diferença, nutrirá sua energia e, ao subir ao palco, sua autenticidade será percebida de longe e seu carisma vai iluminar todo o ambiente

Eu costumo dizer que, quando um Power Trainer está começando, a principal preocupação dele deve ser autenticidade, falar com o coração. Ou seja, se ele subir ao palco e tiver um "branco", deve naturalmente olhar para a plateia e dizer: "galera, deu branco aqui, e preciso de ajuda. Onde eu estava mesmo?".

Mas infelizmente o que acontece com as pessoas que não têm o privilégio de ter acesso ao conteúdo que você está tendo agora é que tentam mascarar o medo, suam frio e tremem. Isso porque não conseguem ser no palco as mesmas pessoas que são nos bastidores.

Já conheci pessoas cuja conduta fora do palco era tão diferente da que tinham em cima do palco que todo o encanto se perdia. Claramente não buscavam a integridade e sim usavam máscaras.

Hoje, eu faço questão de trazer à tona todas as minhas dores para mostrar de onde vim e como cheguei onde estou. Seria muito fácil mostrar minhas conquistas, números e prêmios. Mas a pergunta é: quanto e o que custou isso tudo? Quanto tempo levou para que eu me desenvolvesse? Quais buracos encontrei pelo caminho? Em que momentos duvidei de mim?

O próprio Tony Robbins, uma das pessoas mais íntegras que eu já vi na vida, é muito exigente consigo mesmo. Ele diz: "vocês acham que esse cara aqui nasceu assim? Eu construí esse cara. Eu realinhei os meus valores. Eu leio os meus valores todos os dias. Esse cara é construído".

Ele é tão disciplinado que é muito difícil ser o Tony. Ele chega a um nível de integridade que, para provar o que diz, tira o próprio sangue em um dos seus eventos ao vivo e mostra o sangue altamente alcalino.

Por isso, para todo mundo, ele serve como referência. As pessoas o admiram porque ele *joga um jogo muito alto* na alimentação. Mas no começo do casamento, certa vez ele saiu para jantar com a esposa, Sage, e ela pediu milk shake. Ele ficou surpreso:

"Você está maluca? Você não assistiu meu treinamento?"

"Não, eu não tô maluca, eu tô vivendo", ela simplesmente respondeu.

Quando o Tony contou essa cena durante um de seus treinamentos, todo mundo aplaudiu durante alguns minutos consecutivos. Porque, apesar de mostrar o sangue alcalino, ele teve a nobreza de contar como a maneira que vivia o estava afastando das pessoas de que mais gostava. Jamais podemos chegar ao ponto de sermos arrogantes acreditando que a nossa verdade está acima de qualquer outra.

A Sage ensinou a ele, e ele transmitiu, sem vergonha nem medo do julgamento da plateia, que agora ele se permite umas escapadas de vez em quando da dieta impecável. Quanto mais isso acontece, mais vejo pessoas conectadas.

Hoje, quando entro no site ultrapassandolimites.com.br e assisto às centenas de depoimentos de pessoas que sofreram transformações positivas em suas vidas depois de me conhecerem, me sinto uma pessoa realizada, porque é exatamente esse o propósito do meu trabalho. Quando sei de alguém que aplicou o que aprendeu comigo e tem resultados fantásticos, abriu empresas ou mudou a vida em inúmeros aspectos, sei que valeu a pena cada gota de suor e lágrima investida para criar o método dos meus treinamentos.

Eu desejo que cada um possa se manifestar de maneira autêntica e dar vida à sua história, seu conhecimento, sua estratégia, da melhor forma.

Só que ser um Power Trainer é mais que subir ao palco sem medo ou falar bonito. Ser um Power Trainer é engajar pessoas, criar uma legião de fãs e transformar vidas por causa do SEU propósito. E além de tudo, ganhar dinheiro com isso. Lembre-se: o dinheiro não é o propósito, ele virá naturalmente e de forma abundante, quando você se engajar com o seu propósito.

O mercado de palestras corporativas já movimenta mais 100 milhões de reais por ano no momento em que escrevo. Tornou-se um mercado em pleno crescimento, que traz oportunidades fantásticas. As empresas perceberam a importância de investir em treinamentos que melhoram o clima organizacional e a lucratividade.

Palestras em empresas, na área motivacional, vendas, liderança, atendimento ao cliente, desenvolvimento pessoal, gestão, produtividade, administração do tempo, processos ou outras áreas que proporcionam impacto nos resultados são uma excelente oportunidade para um Power Trainer que tem expertise em algumas dessas áreas. A revista *Exame* publicou uma matéria de capa com o título "Funcionário feliz é igual a lucro maior".

A matéria explicava que as empresas haviam percebido que o treinamento comportamental, tão importante quanto o treinamento técnico, e mais importante do que lucros maiores ou menores, tornou-se uma questão de sobrevivência. Quando o funcionário está feliz, todos ganham. Clientes são mais bem atendidos, as vendas aumentam, o clima melhora, os acionistas ficam felizes, todos ganham. Por isso, o mercado de palestras corporativas está em larga expansão. Porém, é altamente exigente na contratação de um palestrante, já que o cachê de um palestrante de primeira linha não costuma ser um investimento baixo.

As empresas preferem investir alto e ter certeza do resultado do que investir baixo e correr o risco de um fiasco. Nesse caso, a maioria acaba optando por nem trazer um palestrante de fora.

Se você tem interesse em se tornar um palestrante corporativo, pois essa é apenas uma das inúmeras possibilidades para um Power Trainer, talvez esteja se perguntando: como entrar nesse mundo tão competitivo?

Basta seguir passo a passo que eu vou te ensinar. Você terá mais competência, habilidade e capacidade do que 98% dos que se aventuram nessa profissão sem ter o conhecimento que está prestes a adquirir.

Se você visitar meu site rodrigocardoso.com.br, verá que na aba clientes chamo de clientes "com estrela" aqueles que me contrataram mais de uma vez. Veja, ser contratado uma única vez, se esse for seu objetivo, não é o mais difícil. Sua meta deve ser encantar a empresa num nível tão profundo que ela vai querer você de novo. A empresa prefere te chamar novamente a arriscar um novo nome no mercado. Esse deve ser seu objetivo, caso queira se tornar um Power Trainer no mundo corporativo.

Para mim, essa é a melhor profissão que existe. Poder acender luzes por onde passo faz de mim um engenheiro que entendeu mais do que eletricidade. Aprendeu a andar no escuro e, ainda assim, fazer o outro brilhar.

Tudo começa pela definição de seu Power Tema e eliminação de seu possível conflito com vendas. É exatamente isso que você vai aprender a partir de agora. Vamos juntos?

VENDENDO POSSIBILIDADES

Ensinar aquilo que a gente ama por si só é algo que nos preenche. Todo mundo que tem uma paixão por um tema sente o desejo intenso de compartilhar aquilo que sabe.

Nós nos sentimos encorajados e confiantes quando colocamos nossas motivações em prática e obedecemos cegamente aos desejos do coração de transmitir aquilo que aprendemos. Falamos sobre o assunto e parece que as palavras surgem naturalmente sem que precisemos pensar. Ficamos num estado de espírito diferente e inevitavelmente nos sentimos prontos.

Algumas pessoas, nesse estado, sentem um certo pudor por serem remuneradas por aquilo que amam fazer ou falar. Dessa forma, acabam bloqueando um ciclo de prosperidade que poderia beneficiá-las. Eu pergunto se existe algo mais perfeito e harmônico do que fazer o que você ama, falar sobre o assunto que te apaixona e ainda ser muito bem remunerado por isso.

Quando falamos de propósito, uma palavra que está na moda e na boca de muita gente, eu vejo que falamos de sentido de vida. Posso afirmar categoricamente que uma das coisas que mais tiram o sono do ser humano é a instabilidade financeira. Esse era um dos meus medos da minha adolescência e que me acompanhou durante

Qual seu problema com venda? Você não acredita no que faz? Você gostaria de dar de graça o que faz?

Mas tem um problema aqui: as pessoas não valorizam aquilo que elas não pagam. Você vai amar o que faz e ser bem remunerado por isso.

muito tempo, até eu descobrir que monetizar a minha paixão era algo que fazia total sentido. Era como sair num mar aberto com o vento soprando a favor. Isso porque partimos de uma intenção genuína e temos a consciência de que queremos transformar quem está nos acompanhando.

Todas as palestras e treinamentos que fiz até hoje foram especiais para mim. Nunca me importei com o número de pessoas na plateia. Já falei com 10 executivos de elite do Bradesco e com mais de 7 mil pessoas numa convenção em Fortaleza.

Em cada uma das palestras, espero mudar pelo menos uma pessoa que um dia possa acender a chama interna e multiplicar aquilo que tem dentro de si. Da mesma forma, espero que você, que está lendo este livro, entenda que, quando encontrar o seu tema, aquele que deseja levar para o mundo, estará abrindo uma porta real para se tornar livre, financeiramente falando. Essa será uma das maravilhosas consequências de se tornar um Treinador de Elite, um Treinador de Alto Impacto, que chamo carinhosamente de Power Trainer.

Ser independente financeiramente, para mim, tem mais do que sentido de propósito. A liberdade financeira que essa profissão proporciona faz dela o sonho de consumo de muita gente. Então, você deve estar se perguntando: Rodrigo, eu conheço um professor que fala sobre história. Ele é apaixonado por história, mas ele está longe de ser independente financeiramente.

Por isso, vou ensinar a diferença gritante entre um professor e um Trainer ou palestrante. Amo de verdade os professores, sempre serei grato a muitos deles que fizeram diferença na minha formação. No entanto, enquanto um professor passa um ano cuidando de uma turma e a desenvolve numa matéria específica, o palestrante entrega muito mais valor que um professor num período de tempo muito menor. Eu diria que um palestrante leva as pessoas para um outro nível e é capaz de transformar, além de transmitir conteúdo. Aliás, certamente os professores dos quais você mais se lembra com carinho são aqueles que não apenas transmitiam a teoria mas que tocavam seu coração.

Agora, chegamos a um ponto crucial: também existe diferença entre um palestrante e um Power Trainer. Você sabia disso? Os palestrantes geralmente são contratados pelas empresas. Sabe como age a maioria dos palestrantes? Eles ficam sentados aguardando o telefone tocar, como se as palestras fossem cair do céu. Alguns ainda fazem anúncio no Facebook. Conheço, inclusive, muitos que têm estruturas com grupo de vendedores que fazem ligações.

Só que as empresas, quando vão contratar um palestrante, via de regra, já sabem o que e quem elas querem. Então, não é a propaganda que vai fazer você entrar. Ou elas já conhecem você ou seu nome foi citado, indicado por alguém que já viu você. O jogo, na verdade, é outro por trás dos bastidores.

Enquanto um palestrante entrega sua palestra no máximo entre uma ou duas horas e depende de uma empresa para contratá-lo, um Power Trainer tem domínio sobre sua própria carreira e pode receber, no mesmo período de tempo, um valor dez vezes maior ou superior ao de um palestrante de primeira linha. Sim, é isso que você leu, não houve erro de digitação. Se um palestrante já ganha muito bem, imagina um Power Trainer? Ele aprende a vender seu próprio treinamento num período de uma a duas horas. Ele pode monetizar muito mais que um palestrante. Mas o Power Trainer é um treinador de elite, é aquele que consegue conduzir um treinamento de alto impacto de quatro ou oito horas, ou até mesmo de três a cinco dias, impactando e ao mesmo tempo fornecendo conteúdo – o tempo todo, de forma dinâmica e transformadora. E a boa notícia é que você, se chegou até aqui, pode se tornar um Power Trainer se assim desejar!

Você deve estar se perguntando: o que um Power Trainer é capaz de fazer? Enquanto um professor recebe dezenas de reais por aula e alguns, de alto nível, podem receber até centenas de reais, um palestrante de primeira linha recebe cerca de 5 dígitos em uma única palestra. Já um Power Trainer UL pode fazer 6 ou múltiplos de 6 dígitos em apenas uma ou duas horas. Já vi acontecer muitas vezes com meus alunos que decidiram seguir essa carreira. Estamos falando em mais de 100 mil reais, em algumas horas! Quando ele está começando, é bem comum que faça em torno de 30 a 50 mil reais. E isso já é bem mais do que ganha um palestrante no mercado corporativo.

Fico imaginando você relendo estas linhas para saber se não houve algum erro ou mesmo achando que parece bom demais para ser verdade. Provavelmente, no começo da minha carreira, eu também pensaria assim e ficaria, no mínimo, muito entusiasmado, torcendo para que essa possibilidade existisse e fosse real! Ela existe e é real! Aconteceu comigo e com muitos dos meus alunos do programa Power Trainer UL. Portanto, pode ficar entusiasmado também!

No meu treinamento presencial, eu ensino você a transformar aquilo que já faz, aquilo que já sabe, num treinamento impactante e transformador, com muito valor agregado. E, como entrego tanto valor, as pessoas literalmente brigam para conseguir uma vaga.

Mas a pergunta é: como ter resultados? Aprendendo a lidar com vendas! Aprendendo a vender, de forma natural! Entendendo que venda é uma transferência de sentimentos. E, mesmo que você odeie vendas, pode aprender e ter sucesso, quando perceber que na verdade está contribuindo e ajudando. Quando você passa a acreditar no que faz e na transformação que entrega, o processo de venda flui naturalmente. Agora, você pode fazer outra pergunta: "vendendo o quê?", e a resposta é: **vendendo possibilidades.**

Eu já fui o cara que ficava esperando o telefone tocar para ser contratado para palestras. Hoje, posso dizer que, quando ele não toca, não fico incomodado, pois não tem como ficar parado.

Nos meus treinamentos presenciais, ensino a fazer funil de vendas para que o profissional esteja sempre com a agenda repleta de palestras. Hoje, eu aprendi a contribuir mesmo quando não sou solicitado e ser Anjo para criar oportunidades e possibilidades de abundância na minha vida e na vida de muitas pessoas.

Além disso, quem quer viver de treinamentos pode criar um funil de vendas, um funil de treinamentos, onde a entrada do funil é uma palestra por 1 quilo de alimento. Aliás, se você está lendo este livro com atenção, sabe que cheguei à primeira palestra que fui na vida com a doação de 1 quilo de alimento. E olha só quanta coisa aconteceu depois.

Para você ter uma ideia, no último semestre, doamos 20 toneladas de alimentos. Isso mesmo, 20 mil pessoas assistiram à palestra ao levar 1 quilo de alimento e 2 mil pessoas se inscreveram para o meu programa de final de semana **Ultrapassando Limites**.

Os Power Trainers Ultrapassadores de Limites, formados por mim, hoje desenvolvem carreiras nas quais são mundialmente conhecidos e muitos deles são pessoas que jamais tinham subido em um palco.

Numa palestra de atração, como essa, você arrecada doações e ao mesmo tempo atrai muita gente que precisa de ajuda. Se você observar ao seu redor, enxerga o tanto de gente que precisa de ajuda. Muitas vezes, você tem a ajuda que essas pessoas precisam, e guarda só para você. Isso é um desperdício de dom e talento.

A palestra em que você arrecada doações pode, posteriormente, levar a outras possibilidades. É nessa palestra que um Power Trainer vende um treinamento logo em seguida, depois outro, e dessa maneira pode ter uma carreira altamente lucrativa. Evidentemente, um Power Trainer pode alcançar a independência financeira numa velocidade muito maior do que um empresário, empreendedor ou colaborador. Mas para chegar a esse nível, o primeiro passo é aprender como estruturar uma Power Palestra, **o que** ensinarei neste livro é como fazer isso.

Talvez seu objetivo seja apenas conduzir uma reunião de negócios muito acima da média ou tornar-se um palestrante e não treinador. Para isso, vai precisar aprender a estruturar uma Power Apresentação. Talvez você seja um líder e deseja treinar sua equipe e ter facilidade de montar uma palestra num nível extraordinário ou criar uma apresentação que, mesmo não sendo o "carro-chefe" que sustenta sua vida, pode ser uma oportunidade altamente lucrativa e que venha somar àquilo que você já faz.

Outro ganho que eu vivencio hoje é poder viajar. Sempre fui adepto dessa experiência que me nutre e energiza, e com a qual aprendo, ao observar novas culturas e modos de vida.

Conhecer lugares novos é como despir-se de rótulos e enxergar a vida de uma maneira diferente. O Brasil e o mundo, a meu ver, são fascinantes e estar dentro deles, fazer parte de cada cultura local, promove uma interação que cria possibilidades.

Através das viagens que faço, eu me conecto com muito mais pessoas. O mais impressionante é que durante essas viagens sempre surgem oportunidades auspiciosas e inesperadas. Aliás, foi assim que conheci o Marcos Abreu, uma pessoa que me trouxe energia, carisma, ideias e fez com que eu enxergasse novas possibilidades dentro do que já fazia, contribuindo ainda mais com a expansão dos meus ensinamentos e transformando ainda mais vidas!

Eu estava em New Jersey, num curso do Tony Robbins. Coisas do destino. Queria ficar na sala, no intervalo do almoço para revisar o conteúdo. Minha esposa disse que almoçaria com o grupo de brasileiros que estavam com a gente. Ela disse que adoraria não ir sozinha. Entendi o recado e mudei de ideia imediatamente. Aprendi que mulher quer atenção, o tempo todo! Enfim, fechei a apostila e fui. Após o almoço, ela se juntou com outras amigas e foram olhar produtos no Walmart. Eu acompanhei, e foi então que de longe vi um brasileiro que não estava no nosso grupo. Depois descobri que ele morava em Boston.

Fiquei intrigado por perceber que ele já era independente financeiramente falando. Comecei a perguntar sobre a vida dele. Soube que ele foi um dos primeiros sócios de uma das maiores empresas de investimento do Brasil e que tinha decidido não mais trabalhar no mercado de ações, se mudar para os Estados Unidos e se tornar coach para ajudar pessoas. Ficamos amigos.

Como meu filho mais velho estava morando em Indiana, imaginei que ter um amigo brasileiro nos Estados Unidos seria legal. Então, perguntei ao Marcos se ele poderia conhecer o meu filho, que morava lá. Assim, se meu filho precisasse de alguma coisa, nos Estados Unidos, ele estaria mais perto. Marcos imediatamente concordou e trocamos contato.

Depois disso, o Marcos perguntou o que eu fazia e respondi mais ou menos assim: "Ah, eu faço um negócio parecido com o Tony, lá no Brasil, entrei no mundo digital agora e fiz um lançamento recente de 7 dígitos, em 7 dias".

Ele ficou espantado com aqueles números, e contei um pouco sobre como o marketing digital estava fazendo uma revolução nesse tipo de negócio. Disse que fazia parte do Platinum, um grupo de elite liderado por Erico Rocha, que estava levando a Fórmula de Lançamento para o Brasil. Expliquei a ele que ainda não tinha ideia do movimento que estava acontecendo por aqui.

Depois de algumas semanas, o Marcos procurou na internet alguém que fizesse o Fire Walk, porque queria fazer algo parecido em Boston. Foi então que encontrou, no Google, o meu nome, e veio a primeira coincidência. Ele descobriu que a equipe de vendas da empresa que ele treinava usava meus vídeos de vendas do youtube, nos quais eu ensinava as "perguntas de fechamento", as "perguntas de sim", a "pergunta mágica do sim".

Foi nesse instante que ele resolveu me ligar. Sua voz estava cheia de empolgação, como se estivéssemos destinados a nos encontrar naquele dia no treinamento do Tony Robbins.

"Irmão, disse carinhosamente, o que faço para ir no seu próximo curso? Eu vou de Anjo, de staff, faço qualquer coisa, abro a porta, seguro microfone". Minha resposta foi que, para estar no curso presencial como Anjo, em caráter excepcional, no mínimo, ele precisaria antes de mais nada assistir ao curso digital UL4 – Elimine Seus Medos e Transforme Sua Vida em 4 semanas. O meu curso digital é constituído de 80 aulas, 40 horas de curso. Impulsionado pela meta, ele não teve dúvida: fez todo o curso, em tempo recorde. Menos de 15 dias! Veio para o Brasil e ficou encantado com o projeto. Não demorou para que ele entrasse de cabeça no negócio. A visão dele era fantástica e logo da primeira vez pegou mais de cem cartões de coaches no evento ao vivo e criou um negócio dentro do meu empreendimento.

Ele ligou, fez um processo de seleção altamente rigoroso. Durou quase um ano para selecionar os oito melhores para se tornarem os coaches oficiais da minha equipe, que tivessem o perfil de serem coaches como se fossem o Rodrigo.

Depois disso, criou uma apostila detalhada do curso de formação. Detectou que 50% das pessoas que fazem coach procuram PNL e tantas outras desejam falar em público. Percebeu que, no mercado tradicional, apenas 4% dos coaches formados conseguem vender seus processos, ou seja, ter clientes pagantes.

Com uma habilidade de mestre, juntos, desenvolvemos a Formação de Coach UL que entrega PNL, Oratória, Intervenção. E, melhor, grande parte do que seria lucro é dedicada a não deixar nossos alunos abandonados. Aqueles que se formam em Coach UL têm um acompanhamento de mentoria pela nossa equipe oficial e aprendem a vender seus processos. Mesmo executivos que se formam sem a intenção de serem profissionais conseguem pelo menos um cliente pagante para sentir que são coaches de verdade. Neste momento, detemos a marca impressionante de que 96% dos nossos formandos conseguem um cliente. A grande maioria recupera o investimento na formação em menos de 1 mês. Adoramos nosso posicionamento: Coach UL é mais do que uma formação, é uma transformação. Escutamos isso dos alunos na primeira turma e adotamos imediatamente!

Contei tudo isso para dizer que a oportunidade de expandir meu negócio nasceu durante uma viagem despretensiosa na qual me abri para uma conversa com alguém que não conhecia. Daí em diante, uma série de sincronismos foi possível.

Por causa de uma conversa ao longo de uma viagem, hoje temos um negócio muito maior, que nos posicionou como uma escola muito diferenciada. Como o Marcos sempre fala: *a Mágica está na rua!*

Um universo de possibilidades se abre, quando colocamos nosso talento em prática e o compartilhamos com o mundo, sem medo. De repente, você é um palestrante daqueles que não consegue ouvir o telefone tocar, de agenda vazia. Talvez você queira dividir o palco com grandes nomes, lotar sua agenda. Talvez você queira aumentar o seu cachê e melhorar sua percepção de marca no mercado ou já seja uma autoridade no que faz, mas não sabe transmitir esse conhecimento. Talvez aprender, estruturar e transmitir esse conhecimento numa palestra ou num treinamento possa gerar um braço de oportunidade de infinitos negócios para você, que pode até ser maior que o seu próprio negócio hoje.

Agora, vou ser bem sincero com você. Na verdade, não adianta fazer um curso para aprender a ser palestrante e alimentar a crença de que *agora as empresas vão me contratar*. Isso não é factível. Você não consegue simplesmente ter a agenda cheia desta forma. Com essa mentalidade, muitos profissionais prostituem seu valor. Prostituir o valor é quando uma empresa liga, oferece um determinado valor, diz que é aquela a verba disponível, e você aceita. O palestrante que faz isso sempre aceita menos do que merece ou vale e fica em desespero, quando o telefone não toca.

Já vi colegas de profissão enviarem currículo para dezenas de agências com a inútil esperança de que seriam indicados, mas essas agências recebem pilhas diárias de palestrantes tentando entrar nesse mundo. Posso falar o que realmente funciona? Em primeiro lugar, se posicionar no seu mercado, que é do que falaremos mais adiante. Em segundo, fazer networking.

As pessoas que não se relacionam e não desenvolvem networking simplesmente não são lembradas porque não estão nos lugares certos na hora certa. Quando não temos relacionamento – e não me refiro ao relacionamento baseado no interesse de conseguir algo, mas naquele que deseja contribuir com pessoas dos mais diferentes núcleos –, não conseguimos sair do lugar.

Minha avó dizia, em sua sabedoria: *faça o bem e as pessoas vão se aproximar de você*. É a mais pura verdade.

A comunicação é essencial para inspirar as pessoas, e a inteligência relacional precisa ser trabalhada por todos que querem sobressair num mercado que muda a cada ano, com mecanismos que vão se modificando. É importante saber que, independente de qualquer coisa, sempre precisaremos de relacionamento para sobreviver. Comunicação é a palavra-chave.

Já vi líderes que chegaram ao Power Trainer com a queixa de que não conseguiam atingir as metas na empresa. Muitos deles simplesmente não eram capazes disso porque não conseguiam comunicar e inspirar as pessoas.

A boa notícia é que você pode criar autoridade rapidamente, lotar salas, auditórios, sem depender de pessoas para te contratarem. Como? Para começar, você precisa desenvolver o seu tema.

2

POWER
TEMA

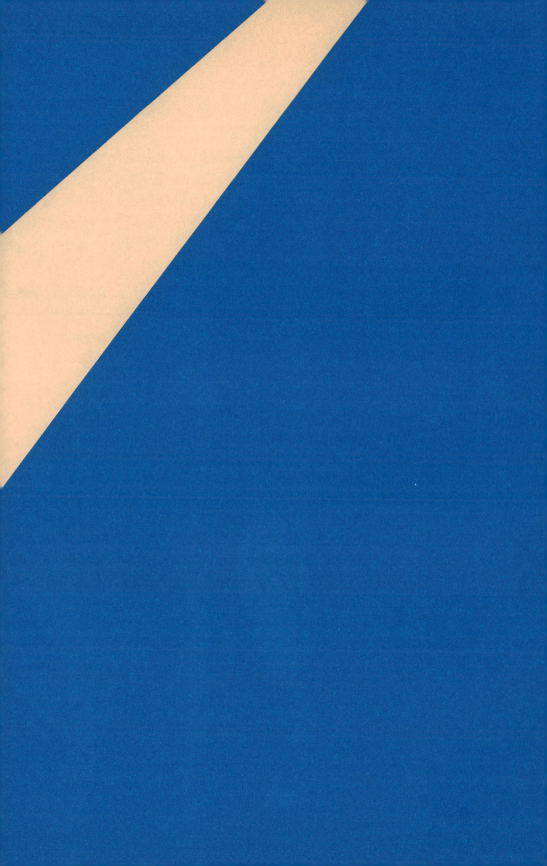

Se quer desenvolver seu tema, a primeira coisa que você precisa saber é qual a sua paixão. Por isso, descubra a sua paixão.

Recentemente, durante uma conversa particular, alguém me perguntou: "Por que você fala que precisamos descobrir nossa paixão?"

A verdade é que eu encorajo as pessoas diariamente a definirem suas missões. Para termos uma pista concreta do que é nossa missão, sobre que tema somos apaixonados, devemos perceber que ele pode estar diretamente ligado àquilo que sabemos ensinar, ou à mensagem que queremos nos especializar para transmitir ou até mesmo à transformação que desejamos e somos altamente capazes de causar.

Costumo ver com frequência pessoas definindo temas e paixões através de transformações que vivenciaram em suas próprias vidas. Eu acredito, sobretudo, que o tema deve nascer primeiro daquilo que você ama, depois deve ser o seu foco de pesquisa e aprofundamento e assim se tornará, inevitavelmente, aquilo no que você é bom, competente e apaixonado.

Eu costumo chamar de talento natural, mas embora esteja intrinsecamente ligado ao seu universo, é resultado de muita dedicação, preparação e treino. Essa descoberta pode ser feita por meio de alguns questionamentos.

Os Power Temas podem ser de motivação interna ou externa. Os temas de motivação interna são aqueles que vêm da paixão, do seu coração. O que quero dizer com isso? Motivação interna é quando você tem amor por ele, seus olhos brilham ao falar do assunto, as pessoas dizem que você nasceu para isso, sua alma vibra e faz parte dessa missão. Ou também pode ser um aprendizado, como por exemplo, se você cometeu um erro que custou caro na sua vida, o aprendizado proporcionado por esse erro pode ser um tema que as pessoas estão dispostas a pagar para te ouvir falar sobre.

Todos nós erramos, e nem todos têm uma grande sacada em transformar o erro numa mensagem poderosa, num conteúdo transformador, mas você pode fazer isso agora.

Na minha opinião, o interessante é que você consiga uma união dessas duas coisas. A família Schurmann, por exemplo, que viajou pelo mundo inteiro, usou as experiências que viveu e as transformou em palestras absolutamente exclusivas. Quando me refiro a experiências exclusivas, eu me recordo do Maurício Lousada, um amigo que ficou preso durante 44 horas em uma caverna e usou esse tema para criar uma palestra motivacional imbatível que ninguém pode copiar.

Se você tem um dom, algum esporte no qual você seja bom, um instrumento musical que ame, essas são coisas possíveis de serem transformadas num tema poderoso. Até mesmo um "tiro no pé" pode dar uma boa palestra, como por exemplo se a pessoa faliu um negócio ou passou por determinada limitação.

O que eu gostaria de deixar claro é que a motivação interna pode ser empreendedora, pode ser um conhecimento adquirido, uma habilidade, um saber que você sinta vontade de ensinar, transformar e fazer diferença.

As motivações externas têm a ver com temas pelos quais o seu público está disposto a pagar. Temas que têm históricos altamente lucrativos.

Se o seu Power Tema for a combinação da motivação interna e com a motivação externa, ele será, inevitavelmente, um sucesso e você poderá transformar esse treinamento numa verdadeira profissão!

Considero o mercado de palestras em expansão e, nele, cada um pode explorar o seu tema da maneira mais instigante. Podemos falar de nichos específicos ou de assuntos que abrangem muitas pessoas. O mercado busca sempre assuntos relacionados a finanças, riqueza, motivação, liderança, trabalho em equipe, atendimento, relacionamento amoroso, relacionamentos familiares, sucesso pessoal e profissional, vendas, qualidade de vida, desenvolvimento pessoal, perda de peso, espiritualidade, aventura, produtividade, meditação, cursos profissionalizantes, coaching, marketing, marketing multinível.

Inevitavelmente, se você se posicionar no seu mercado, vai criar autoridade, ser admirado, ensinar o que ama e, de quebra, seguindo os passos deste livro, ser altamente bem remunerado por isso. Mas posicione-se. Caso contrário, você corre o risco de ser confundido com aquele que sabe um pouco de tudo, que não sabe nada de muita coisa. Por isso, saiba ser autêntico, encontrar a sua verdade, para realmente conciliá-la com sua paixão, fazendo uma combinação explosiva. É imprescindível que você tenha coragem de se posicionar. Tenha coragem de fincar sua bandeira e nichar.

O Power Tema de um Trainer está diretamente relacionado à sua missão de vida, com a diferença que ele pretende fazer na vida das pessoas, com seu posicionamento e com aquilo que é seu propósito.

Um aluno meu, que se tornou um grande amigo, Jorge Martins, mora em Portugal, onde administra suas empresas e veio ao Brasil com a finalidade de fazer meu curso. Atualmente está numa transição, deixando suas empresas na mão dos CEOs para que possa ir de encontro com sua missão de vida que nasceu com uma história familiar. Depois de encontrar a cura para o câncer de alguns familiares através de mudança de hábitos e alimentação, ele criou o projeto "Vida Sem Câncer" e hoje a missão de vida dele é salvar pessoas. Só que ele percebeu que para alcançar mais pessoas, precisa criar Power Palestras que transformem e emocionem o público, que possam tocar o coração e a alma das pessoas que estiverem na plateia.

Hoje, o Jorge, que me acompanha no Power Mind, é um caso claro de quem corajosamente fincou sua bandeira e está posicionado com seu propósito.

Quando definimos nosso Power Tema, somos lembrados pelas pessoas, seguidores, fãs e alunos por esse tema. É como se no almoço de domingo as pessoas falassem uma palavra mágica que fizesse com que todos imediatamente lembrassem de você. Por isso, eu digo que este Power Tema deve definitivamente estar alinhado com o que faz sentido em sua vida.

Uma pessoa que está trazendo um conteúdo relacionado à alimentação saudável e bons hábitos, por exemplo, precisa necessariamente honrar com sua palavra. Ou você acha congruente encontrar alguém que fala uma coisa no palco e faz outra fora dele?

Por isso, quando olhamos com honestidade para nós mesmos, temos uma profundidade de compreensão do que faz sentido para nós. Se nossa essência grita aquilo e temos a audácia de falar em público e viver aquela verdade, estamos no caminho.

O dom e a essência caminham lado a lado nessa história. Além disso, a definição do Power Tema precisa ser o equilíbrio entre quem você é e o que o seu público quer. Ou seja: para ser um tema verdadeiramente Power, ele deve unir sua paixão com o que as pessoas precisam e pelo que estão dispostas a pagar. Afinal, esse é o tema que poderá nortear uma nova possibilidade profissional, apesar de ser também a sua missão.

Se estamos falando de vida profissional, você deve entender de uma vez por todas que esse tema não será um passatempo, e sim, fonte de remuneração que trará abundância porque você levará um conteúdo transformador, com propriedade e emoção. Um conteúdo que você sabe ensinar, a mensagem que estudou e se especializou para transmitir, a transformação que você não só deseja, mas é altamente capaz de causar.

Deve, triunfantemente, nascer daquilo que você ama, depois deve ser seu foco de pesquisa e aprofundamento. Assim, vai se tornar aquilo no que você é bom, competente e ama fazer. Agora, vamos botar tudo isso em prática, e trabalhar para fazer você o melhor em seu segmento!

APRENDENDO A SER UM POWER TRAINER

Com frequência surgem questionamentos entre os participantes que se inscrevem nos meus treinamentos e se perguntam: "será que eu tenho algo para compartilhar?"

Geralmente olho no fundo dos olhos de cada um e respondo:

– Todo mundo tem algo a ser compartilhado!

O que costumo dizer é que, mesmo que você tenha apenas 10% a mais de conhecimento do que as pessoas que estão ao seu redor – e mesmo assim acredita que não tem conhecimento o suficiente – sempre haverá alguém que estará disposto a aprender algo com você. E, pode apostar: pagar por isso!

Aqueles que se engajam anos em teorias e acreditam que conhecimento técnico é a única coisa que conta, estão redondamente enganados. Este perfil acredita que mestrado e doutorado resolvem o problema. A pergunta que eu devolvo é: **"de que adianta conhecer demais e não conseguir transmitir o que você conhece de uma forma simples?"**

Por exemplo, eu tenho um curso chamado Power Trainer UL no qual todos os módulos juntos levam um total de cinco dias para serem ensinados.

Só a apostila de conteúdo tem aproximadamente 400 páginas. Se eu quisesse transmitir todo esse conteúdo através de uma apostila para você, sem entender que o segredo deste livro é justamente condensar os elementos mais importantes de forma simples a ser compreendida, provavelmente perderia o leitor, certo?

Essa é justamente a lógica que quero que perceba:

Você pode ser o cara mais entendido do mundo em determinado assunto, mas esse assunto só tem valor se o seu interlocutor consegue absorvê-lo.

Por isso, vou propor nas páginas seguintes um teste para que você saiba como está se comunicando com seu público. Será que

Não é falar em público, é emocionar.
É transmitir seu conteúdo
de maneira comovente.

você é aquela pessoa que começa a falar e dá sono? Será que contagia com seu conteúdo? Que é engraçado? Que as faz vibrar? Será que você envolve as pessoas na sua narrativa?

Desejo que você acredite no seu talento e traga à tona as coisas que parecem superficiais ou abstratas. Faça uma impressão em 3D! Na era das impressões em 3D é necessário mais que dados. Isso porque ela traz para o concreto coisas que pareciam superficiais ou abstratas. O que eu quero é que você crie uma impressão perfeita que seja capaz de mostrar a sua melhor versão.

Você deve estar se perguntando: "mas é possível examinar tudo isso cuidadosamente? Como eu consigo entender se estou impactando uma plateia?"

Quando somos Power Trainers, temos uma profunda responsabilidade para com tudo que fazemos, inclusive uma grande urgência de descobrir COMO impactar positivamente as pessoas da plateia fazendo-as saírem transformadas de cada apresentação.

O que você precisa entender é que a maneira COMO você ensina é mais importante do que O QUE você vai ensinar. Pessoas que simplesmente transmitem conteúdo tendem a fazer isso de maneira aborrecida e cansativa. Estas pessoas geralmente desconhecem o funcionamento do cérebro e estratégias de aprendizagem acelerada, PNL, hipnose e tantos outros recursos altamente eficazes.

Se você se lembra do professor que mais te impactou na época da escola, provavelmente você não irá se lembrar detalhadamente do conteúdo que foi ensinado, mas sim e principalmente do contexto, do ambiente e da energia.

Disso é feito um Power Trainer. Um Treinador de Elite que não ignora a energia da sala, o contexto, o ambiente e não ignora cada ser humano com sede de mudar que está ali bem diante dele. Um Power Trainer sabe que está ali como um agente de transformação e jamais perde essa maravilhosa e sagrada oportunidade.

Nunca me esqueço do professor de física do ensino médio jogando um giz e um apagador para demonstrar um movimento parabólico. Por gostar de matemática, eu me lembro da equação $ax^2+bx+c=0$ que descrevia uma parábola.

Como Power Trainer, ao montar uma palestra, um treinamento, você deve direcionar seu foco não apenas para o que vai ensinar, mas principalmente para como vai ensinar.

A energia da sala se transforma com música, jogos, dinâmicas, teatro, competição. A energia se transforma quando todos se envolvem. Isso não significa ser negligente com o conteúdo. Pelo contrário. Um Power Trainer nunca para de estudar, porque sabe que o treinamento nunca acaba. Não adianta nada um ambiente maravilhoso, sem conteúdo.

Quando você é um Power Trainer, você não vai simplesmente falar num palco, você vai poder criar um legado através de DVDs, áudios, podcasts, vídeos... Se você entrar no meu canal do youtube você poderá conferir que já tive mais de um milhão de visualizações até este momento, e poderá desfrutar de mais de 400 vídeos gratuitos que estão disponíveis lá para você. Basta digitar Rodrigo Cardoso no youtube e assinar o meu canal! Se quiser aproveitar, convido você a conhecer a série de 365 vídeos que fiz, um por dia, durante um ano inteiro.

Vai ter um momento em que eu não vou estar mais pisando neste planeta, mas os meus netos, os meus bisnetos vão ter acesso ao que eu ensinei um dia, então, quando você aprende o que você está lendo neste livro, você pode deixar um legado que vai além da sua existência.

A minha missão é treinar treinadores que se multipliquem de uma maneira que sozinho eu jamais conseguiria. A minha missão de vida é fazer com que você que está lendo este livro seja um multiplicador, seja de desenvolvimento pessoal, seja na área de medicina que você é especialista, seja em meditação, seja em artesanato, seja em lidar com os velhinhos, seja em lidar com as crianças, lidar com uma equipe de vendas, melhorar sua liderança. Ou seja, que você aprenda a se comunicar, mas não como ensinam no curso de oratória; que você aprenda a se comunicar através da verdadeira comunicação, que só acontece com emoção.

Transformar é pegar uma pessoa que estava em um estágio e não acreditava em si mesma e fazê-la acreditar que é possível chegar a outro estágio.

Hoje, a minha missão, minha meta de vida é treinar treinadores que transformam vidas, na área em que eles são especialistas.

Bem-vindo ao time!

OS QUATRO PERFIS

Você já sabe de onde vim, todo o caminho que percorri até chegar aqui e entendeu que eu coloco força e energia naquilo que me move. Você sabe para quem é este livro e viu que os benefícios podem curar sua dor e de tantas outras pessoas.

Agora, vamos entender qual o seu perfil.

Para ser um treinador de alto impacto, é preciso uma combinação de fatores. Para saber seus pontos fortes e fracos, e onde deve melhorar, criamos um teste situacional que trará clareza e fará com que você identifique qual o seu perfil.

Identifique a resposta que mais se aplica a você em cada uma das perguntas. No final do teste, verifique qual o seu perfil, pontos fracos, fortes e principalmente as características dos demais perfis, para entender como você pode se beneficiar. A ideia é maximizar suas forças e minimizar suas fraquezas e com isso torná-lo um Trainer de muito mais impacto.

1 Quando está numa conversa em família:

A Você faz as pessoas rirem naturalmente criando situações engraçadas

B Você não se comunica com facilidade, prefere conversas mais profundas

C Você adora contar e recontar aquilo que aconteceu na sua semana

D Você fala com todo mundo e de todo tipo de assunto

2 Você precisa convencer seu vizinho a tomar uma decisão consciente relacionada a um assunto que repercutirá positivamente em todo o condomínio:

A Você menciona os dados e informações técnicas relacionadas àquele assunto

B Você apela para o coração dele, contando como aquilo seria benéfico para todos

C Você tenta conquistá-lo através de piadas para entrar no assunto

D Você fala um pouco de cada assunto dando uma geral sobre o condomínio, para mostrar que é informado

3 Um grande amigo está com um problema de saúde e você quer ajudá-lo. De que forma faz isso?

A Levantando o astral dele para que acredite que vai dar tudo certo

B Contando a história de uma pessoa que passou pelo mesmo problema e superou

C Fazendo uma pesquisa profunda para analisar os riscos daquele problema e quais as chances de ele sobreviver

D Conversa superficialmente sobre o assunto para não tocar no problema nem o fazer se sentir mal

4 Você precisa explicar uma lição para seu filho. Como faz?

A Estuda tudo com afinco e passa todos os dados para que ele decore

B Tenta contar uma história da sua vida que tenha a ver com o conteúdo, para ele marcar mais

C Lê sobre o assunto, dá uma passada geral e não se aprofunda nos detalhes

D Tenta fazê-lo se divertir enquanto aprende, criando uma situação engraçada

5 Se fosse criar um filme para transmitir um conteúdo, como esse filme seria?

A Um documentário detalhado com todos os dados

B Uma comédia bem engraçada

C Um drama profundo

D Um blockbuster bem comercial

6 Qual destas frases define você melhor?

A A vida precisa ser vista com uma dose de bom humor

B Precisamos saber um pouco de tudo para saber agir em todas as situações

C Dados científicos e pesquisas são fundamentais para embasar ideias

D Saber emocionar é fundamental para se conquistar o que se quer

7 Nas apresentações, treinamentos ou palestras que já fez ou faria, qual desses perfis mais se aproxima ao seu?

A Fazer as pessoas rirem, mesmo sem ter certeza se transformou alguém

B Passar muitos dados, mesmo correndo o risco de algumas pessoas não prestarem atenção

C Transmitir o conteúdo sobre diversos assuntos ao mesmo tempo

D Perceber que as pessoas ficaram emocionadas, mas não saber se entenderam tudo que você tinha para transmitir

8 Qual destas frases mais se aplicam a você?

A Você é inflexível

B Você não é levado a sério

C Você fica reproduzindo o que ouve

D Você é muito dramático

9 Qual destas forças acredita que tem?

A Não se contenta com pouco

B Se interessa por muitos assuntos

C É uma pessoa com quem os outros gostam de estar

D Sabe pintar um quadro com as palavras

10 Em uma reunião, você geralmente é a pessoa que:

A Faz o ambiente ficar descontraído

B Conta casos que deixa as pessoas entretidas

C Traz dados e foca no assunto da pauta

D Fala sobre tudo um pouco

11 As pessoas o veem como:

A Uma pessoa animada e leve

B Uma pessoa fechada e de poucos amigos

C Uma pessoa que consegue atrair os outros com sua conversa

D Uma pessoa superficial

12 Você precisa explicar para seu amigo como é o processo de produção de pães da padaria artesanal de sua amiga, para que ele a visite. Como faria isso?

A Contando o porquê de ela ter aberto a padaria, que é uma história linda

B Criando uma situação inusitada para ele perceber que vai ser interessante

C Explicando a diferença da produção dos pães artesanais dos industrializados

D Contando como a fachada e a vitrine da padaria é linda

13 Sua biografia teria que estilo?

A Seria um misto de tudo, mas não contaria a fundo sua vida

B Aprofundada nos altos e baixos que passou

C Traria números e resultados do que conquistou

D De humor

14 Qual destas frases mais conecta com a sua personalidade?

A Sou uma biblioteca ambulante

B Sou uma longa história

C Disparar risadas é minha especialidade

D Entendo de tudo um pouco.

15 Se você precisa fazer um discurso de Natal na mesa de jantar e não tem como fugir disso, como seria seu discurso?

A Emocionante. Certamente faria todos chorarem

B Cheio de humor e com piadas sobre o bom velhinho para descontrair

C Relatando o sentido do Natal e os fatos históricos do nascimento de Jesus

D Falaria um pouco sobre amor, paz, alegria, para não entrar em conflito com ninguém

RESPOSTAS

1
A humorista
B especialista
C artista
D generalista

2
A especialista
B artista
C humorista
D generalista

3
A humorista
B artista
C especialista
D generalista

4
A especialista
B artista
C generalista
D humorista

5
A especialista
B humorista
C artista
D generalista

6
A humorista
B generalista
C especialista
D artista

7

A humorista
B especialista
C generalista
D artista

8

A especialista
B humorista
C generalista
D artista

9

A especialista
B generalista
C humorista
D artista

10

A humorista
B artista
C especialista
D generalista

11

A humorista
B especialista
C artista
D generalista

12

A artista
B humorista
C especialista
D generalista

13

A generalista
B artista
C especialista
D humorista

14

A especialista
B artista
C humorista
D generalista

15

A artista
B humorista
C especialista
D generalista

RESULTADO

Além de ler o seu resultado, leia também os quatro perfis e veja as forças e fraquezas de cada um deles para poder entender melhor se é aquele perfil em que você se encaixa e como absorver um pouco de cada um dos perfis.

Caso a sua resposta não tenha nenhum elemento de um dos quadrantes, veja como desenvolver as habilidades relacionadas àquele perfil específico.

Entenda que um Power Trainer tem a missão de transformar, e sem emoção não há transformação, então tente dosar emoção, profundidade, leveza, risadas, lágrimas e conteúdo numa palestra ou treinamento. Desta maneira você terá o resultado de alto impacto que deseja.

ESPECIALISTA	GENERALISTA
ARTISTA	HUMORISTA

O ESPECIALISTA

O especialista conhece profundamente a respeito de um tema ou assunto. Ele fez várias universidades e cursos e sabe ensinar isso através de livros, mas não é capaz de se conectar com uma plateia. Esse perfil, com muito conteúdo e pouca habilidade em transmitir o que sabe, geralmente é incapaz de trazer uma jornada de herói, contar uma história e se desnudar para o público.

O especialista não consegue se expor nem falar da vida pessoal dele, para mostrar como chegou até onde chegou. Geralmente se porta de maneira sisuda e fechada em ambientes mais descontraídos e não se conecta com facilidade com as pessoas. Muitas vezes, as classifica e menospreza porque não sabem tanto quanto ele sobre determinado assunto. Tem dificuldade de transmitir seu conhecimento para muitas pessoas para que essas pessoas sejam multiplicadoras ou para que essas pessoas aprendam e evoluam.

Primeiro, o especialista precisa entender que embora ele detenha 100% do conhecimento, ele precisa aprender a entregar 10%.

Caso o especialista despeje os 100% na plateia, é como se estivesse matando uma planta de tanto regar. Ele está jogando tanta água naquela planta que ao invés de salvá-la, a afoga.

Trazer muito conteúdo para uma pessoa que ainda não absorveu o básico é um dos maiores erros de um treinador. Muito provavelmente, você conhece alguma coisa muito profunda sobre um assunto, só que qual é o seu desafio? É passar esse assunto, de alguma maneira, para um público leigo, de modo que ele possa, no mínimo, sair da apresentação sabendo que recebeu valor, mas com uma "vontade de quero mais", porque caso você seja um especialista e queira despejar tudo o que estudou em Harvard, no cérebro da sua audiência, ela não irá absorver, vai ficar cansativo, eles irão dormir e você não fará qualquer conexão.

Não dá para passar conteúdo de mestrado para quem não terminou o fundamental. Com isso, a apresentação perde força, energia e tende a dar sono. Provoca a sensação de que o cara conhece muito, mas não transforma.

FORÇAS DO ESPECIALISTA
- ☑ Não se contenta com pouco
- ☑ Busca explicações na ciência
- ☑ Busca informações para convencer plateia
- ☑ Busca segurança quando passa conteúdo através dos dados
- ☑ Procura ser detalhista
- ☑ Extremamente organizado
- ☑ Tem facilidade com raciocínio lógico

FRAQUEZAS

- ☑ Não sabe a hora que é o suficiente
- ☑ Não entende que as pessoas possuem uma curva de evolução e progresso
- ☑ Não se sente apto para entrar em campo
- ☑ Não se conecta emocionalmente com as pessoas
- ☑ Não consegue transmitir conhecimento com habilidade
- ☑ É cético por natureza
- ☑ Só se sente satisfeito se entregar todos os dados
- ☑ Não entende que transformação é diferente de informação
- ☑ Espera todos os faróis ficarem verdes para entrar em campo
- ☑ Tende a dar sono nas pessoas por causa do nível de detalhamento

O QUE ELE PRECISA FAZER?

- ☑ Desenvolver a flexibilidade
- ☑ Desenvolver o humor
- ☑ Desenvolver a leveza

COMO PODE FAZER ISSO NA PRÁTICA?

- ☑ Entender que nem todas as pessoas precisam de conteúdo 100% embasado por alguém renomado para começar o próprio processo de evolução e transformação.

O GENERALISTA

O generalista é o (a) palestrante que entende um pouco de tudo. Se você é um generalista, corre o risco de ser muito superficial. Você entende de tudo: de física quântica a negócios. A pergunta é: mesmo que entenda de tudo, qual é o seu objetivo?

O generalista pode ser confundido com um pato. O que é a síndrome do pato? O pato é uma ave que não nada bem, não voa bem e não anda bem. O pato quer fazer de tudo: ele quer voar, quer nadar e quer andar, e não faz nada direito.

O maior erro do generalista é não ter um Power Tema definido e um posicionamento. Ele é aquele tipo de pessoa que não quer nichar, quer abraçar todo mundo, acreditando que quanto maior o leque de informações, maior serão suas chances de ser contratado.

Se você é um generalista, você precisará de um guarda-chuva para se posicionar e colocar seus conteúdos embaixo desse guarda-chuva.

Por muito tempo, eu fui generalista. Por ter facilidade para ensinar vários temas, eu cai nessa armadilha. Até que entendi que precisava me posicionar e minha estratégia foi colocar meus temas debaixo de uma marca, que metaforicamente estou chamando de guarda-chuva.

Hoje, por exemplo, qual é a minha marca? Qual é o meu guarda-chuva? Ultrapassando Limites porque eu ultrapassei limites na minha vida e eu ajudei muitas pessoas a ultrapassarem limites em suas vidas.

Embaixo desse guarda-chuva eu ensino Coach, Trainer, Vendas, Liderança, Desenvolvimento Pessoal, etc. Mas meu posicionamento é claro: Ultrapassando Limites em cada área da sua vida!

O meu curso ajuda o gordinho a emagrecer e o magrinho a engordar, ajuda o gago a falar, ajuda a vendedora que não vendia a vender. O que eu precisei fazer para sair da armadilha do generalista? Envelopar meu conteúdo num guarda-chuva. Ou seja: dar valor para o poder do nicho.

FORÇAS DO GENERALISTA
- ☑ Se sente confortável em entrar em campo
- ☑ Transmite conhecimento
- ☑ Tem cultura geral
- ☑ Se interessa por muitos assuntos

- ☑ Bom ouvinte
- ☑ Fala de saúde física, relacionamentos, liderança, motivação
- ☑ Consegue falar e entender um pouco de cada coisa

FRAQUEZAS
- ☑ Não busca embasamento científico
- ☑ Usa histórias da internet
- ☑ Corre o risco de ser superficial
- ☑ Tem a síndrome do pato
- ☑ Não tem posicionamento no mercado
- ☑ Reproduz conteúdo de outro porque não tem conteúdo próprio

O QUE ELE PRECISA FAZER?
- ☑ Pesquisar e estudar mais
- ☑ Não deveria aceitar uma história porque ela roda na internet
- ☑ Se aprofundar no que ele considera ser a cereja do bolo
- ☑ Aplicar o que ensina na vida dele
- ☑ Se aprofundar no conteúdo que gera transformação verdadeira

COMO PODE FAZER ISSO NA PRÁTICA?
- ☑ Procurar biografias de pessoas que são mais entendidas no assunto
- ☑ Buscar diploma que traz tranquilidade para plateia especialista

O HUMORISTA

O humorista é um palestrante que arranca risadas da plateia. E eu sempre digo que você precisa entender muito de muita coisa. No entanto, na hora de passar a informação, você precisa aprender a passar com humor e com emoção. Então, quando eu falo emoção você pode me perguntar: "humor também não é emoção?".

O humor é uma emoção muito gostosa, mas é uma emoção da risada, me parece que é uma emoção de extravasar e é uma delícia. O problema do humorista é que muitas vezes ele pode não ser capaz de transmitir profundidade.

Muitas palestras dão a impressão de serem um stand-up. Um bom stand-up comedy não é um Power Trainer. Ao mesmo tempo, os melhores palestrantes que eu vejo, às vezes, fazem as pessoas rirem. A risada nada mais é que o rapport. Quando as pessoas dão risada e se desarmam, abrem o coração e, quando elas abrem o coração, o humorista pode criar uma estratégia para introduzir imediatamente o conteúdo.

Eu não era uma pessoa com facilidade de contar piadas no palco, mas um amigo, o Marcelo Marrom, começou a me ajudar a dar o timing das minhas piadas. Quando percebo que a história faz as pessoas rirem, tento repetir em outras ocasiões para deixar a palestra mais leve, já que esse não é um talento natural meu. Ele me ajudou no humor e quando participou do Power Trainer junto com outros grandes nomes, lá da plateia ele entendeu a importância do humor com inteligência, conexão, profundidade e transformação e hoje é um grande palestrante.

O humorista é a pessoa que faz rir por natureza. Em uma palestra, em um treinamento bem feito, ele tem que fazer rir, mas tem também que entregar valor, tem que conectar e, se fizer chorar, se tirar lágrimas, é porque foi profundo e transformou. Essa é a essência onde queremos chegar.

FORÇAS DO HUMORISTA
- ☑ Tem energia particular e própria
- ☑ Tende a fazer as pessoas rirem
- ☑ Consegue ver a vida de maneira mais leve
- ☑ Deixa as pessoas num estado emocional melhor para focarem no que é leve

- É o centro das atenções
- Diverte os outros
- É uma pessoa com quem os outros gostam de estar
- Deixa as pessoas saírem de perto dele melhores do que chegaram
- Geralmente é carismático e agradável
- Tem a capacidade de estar presente no aqui e agora

FRAQUEZAS
- Pode estar escondendo a si mesmo
- Pode estar usando máscara para esconder dor mais profunda
- Não leva as coisas a sério
- Tende a levar a vida na brincadeira, mesmo em situações que precisam de seriedade
- Corre o risco de não ser levado a sério
- Corre o risco de encantar, mas não transformar
- Pode não fazer as pessoas refletirem
- Pode fugir desse contato com a emoção
- Não se aprofunda
- Corre o risco de não terminar o que começa

O QUE ELE PRECISA FAZER?
- Precisa saber que a vida não é 100% uma piada
- Precisa saber que há coisas na vida que precisam ser levadas a sério, como o mundo dos negócios, a educação de um filho, um relacionamento
- Precisa desenvolver um lado mais pragmático e objetivo

COMO PODE FAZER ISSO NA PRÁTICA?
- Buscar processos de desenvolvimento pessoal ou terapêuticos para confrontar emoções mais profundas
- Buscar autoconhecimento para se entender e perceber se o humor não está sendo utilizado como uma fuga

- ☑ Se aprofundar em conteúdos que podem estar sendo ensinados de maneira superficial
- ☑ Fazer cursos, ler livros
- ☑ Vencer o medo do conflito
- ☑ Observar se existe por trás um medo de desagradar

O ARTISTA

Não existe transformação sem emoção.

O artista, sem sombra de dúvida, é um bom contador de jornada do herói e um bom contador da própria história. O artista é aquele que vai saber uma linha mestra de como contar uma história, uma jornada, que conecte com as pessoas. Afinal, todos nós temos nossas dores. E quando ouvimos a dor e superação do outro, tendemos a nos identificar imediatamente. Isso é extremamente poderoso para conquistar uma plateia. Nunca comece uma palestra ou treinamento com conteúdo, sempre comece com uma história. Primeiro você se conecta, depois transmite o ensinamento.

Normalmente, a palestra mais bem avaliada é quando você faz a pessoa rir, chorar, aprender e sair com uma transformação e ainda dizer "quanta coisa eu aprendi!"

De todos os perfis, ele é o que mais tem capacidade de transformar as pessoas. Através do próprio exemplo, como do exemplo de outras pessoas, ele consegue transmitir o conhecimento contando de maneira magistral metáforas e histórias. Jesus fez isso. Os maiores líderes transmitiram conhecimento através de metáforas e histórias.

Por que uma história é tão poderosa? Por que uma história conecta tanto? Por que os filmes de Hollywood têm tanto sucesso?

Porque a gente se identifica com a história. Se eu quiser que você pense nos seus pais é só falar dos meus. Quando eu conto uma história, as pessoas encontram pontos de identificação nessa história. O artista consegue atingir o coração de outras pessoas. Por isso, ele é o que mais tem chance de transformar, de todos os perfis.

Ele só precisa tomar o cuidado para não ser visto como uma pessoa sem conteúdo, porque ele precisa atrelar o conteúdo à história.

FORÇAS DO ARTISTA
- ☑ Tem poder de conexão com a plateia
- ☑ Sabe pintar um quadro com as palavras
- ☑ Sabe trabalhar a programação neolinguística intuitivamente
- ☑ Consegue fazer a plateia fluir
- ☑ Como se conseguisse fazer as pessoas assistirem a um filme através das palavras faladas

FRAQUEZAS
- ☑ Trazer conteúdo sem embasar
- ☑ Pode perder força com uma plateia mais exigente
- ☑ Não se atreve a desenvolver conteúdos
- ☑ Quer basear tudo na história dele e pode demorar muito falando apenas de si
- ☑ Precisa de mais humor e menos drama
- ☑ Pode não ser leve
- ☑ Pode criar um estado emocional introspectivo e não resgatar
- ☑ Pode trabalhar emoções profundas, mas se não tiver habilidade de voltar ao estado, a plateia pode ficar pior
- ☑ Pode fazer com que as pessoas se sintam mal

O QUE ELE PRECISA FAZER?
- ☑ Saber colocar o tempero certo na quantidade certa, como um chef de cozinha
- ☑ Aprender a não passar do ponto

- ☑ Dosar as histórias e emoções
- ☑ Saber o porquê de estar lá com aquela jornada
- ☑ Sair do intuitivo e ir para o conhecimento

COMO PODE FAZER ISSO NA PRÁTICA?
- ☑ Entender qual o motivo de estar contando aquilo
- ☑ Perceber quando a história tem contexto
- ☑ Ter a clareza do porquê de estar trazendo sua história ou parte dela

POWER TRAINER

Este teste não tem certo e não tem errado. O objetivo é que você identifique as suas principais características e entenda como pode absorver um pouco de cada uma e, com isso, conseguir aprender a estrutura de palestra que vai transformar. Não existe transformação sem emoção. O objetivo é que você minimize as fraquezas e maximize as forças do seu comportamento dominante.

Eu por exemplo não sou o Trainer que consegue dar dados específicos numa palestra, mas sei que, quando faço isso em doses homeopáticas, muitas pessoas valorizam o discurso.

Quando um treinador usa dados que podem ser relevantes para a plateia, estes dados têm um grande poder. No entanto, nem o humorista, nem o artista são capazes de trazer dados. O generalista às vezes até usa, mas não conecta nem com a emoção nem com o humor. Então, o objetivo é equilibrar um pouco de cada perfil para impactar a plateia.

Não me considero o melhor cara de humor, mas aprendi a introduzi-lo em minhas palestras e já escutei profissionais do stand-up dizendo que eu levo jeito para a coisa. No fundo foi masterização, modelagem e trabalho duro. Valeu a pena!

Conheço uma excelente treinadora que se formou conosco que era cientista e estudou em Harvard. Por mais entendida do assunto que ela fosse, o discurso não conectava com a plateia. Ela precisou mobilizar seu lado emocional, colocar uma pitada de humor para conseguir transmitir o conteúdo e transformar as pessoas através do seu Power Tema.

Conheço inúmeros casos de pessoas que falam sobre qualquer assunto e não se aprofundam em nenhum deles. Quando os vemos, sem coragem de se posicionarem, temos a impressão de que conhecem um pouco de cada coisa, mas que no fundo, não sabem de nada com profundidade.

ESTÁGIOS

Agora que sabemos qual é o seu perfil, precisamos entender que sair de um ponto A e ir para um ponto B é o grande objetivo deste livro. Este ponto B é o que eu chamo de ponto de maestria.

A construção da carreira de um Power Trainer, assim como o desenvolvimento de um ser humano, pode ser compreendida através de fases. São etapas que apontam para um nível de evolução e amadurecimento. Cada etapa é essencial para dar apoio e sustentação à próxima. Por isso, mesmo que você identifique que ainda não alcançou a etapa que gostaria, respeite e acolha a fase em que você está. Além disso, honre as fases pelas quais já passou.

Essa é a verdadeira postura de um Power Trainer e o que possibilita que ele reconheça sua trajetória, assimile os aprendizados, cresça com os equívocos e possa se sentir realmente preparado para o próximo nível.

NASCIMENTO

Meu nascimento eu diria que foi naquele teatro onde fiz uma apresentação com a capa de mago para uma pequena plateia. Foi ali que nasceu o desejo de encantar as pessoas fazendo algo diferente. Mesmo que a ideia de usar o extintor não tenha sido das melhores, ela despertou em mim uma faísca que dizia que eu podia ir adiante.

Alguns, apesar do desejo avassalador de falar em público, ainda sentem um medo terrível que os impede de seguir adiante e dar voz a esse desejo. Outros, por sua vez, ao primeiro chamado, sabem que esta é sua missão e que não tem mais volta.

Veja que não se trata de idade e sim de fases da vida nas quais o despertar para a vida de um Power Trainer aconteceu. Alguns experimentam esse despertar ainda bastante jovens.

Talvez isso aconteça durante um treinamento do qual estejam participando como aluno. Talvez numa sala de aula, inspirado por um professor de coaching ou mesmo lendo um livro. Nesse estágio, o candidato a Trainer, pretendente a viver profissionalmente da fala, tem apenas a vontade de fazer isso. Ele sentiu o despertar dessa vontade nascendo dentro dele.

Outros percebem essa vontade nascendo como um verdadeiro chamado já desde a infância e existem aqueles que já estão consolidados em suas profissões, às vezes até aposentados ou livres financeiramente, e sentem um vazio, sentem que seu propósito vai além do dinheiro e precisam passar sua mensagem.

Essa fase do nascimento é muito particular e diferente para cada pessoa que, mais cedo ou mais tarde, descobre-se nascida para fazer a diferença através de sua oratória.

Agora, lembre-se do seu momento de despertar.

Quando nasceu essa vontade? Foi em um treinamento como aluno? Foi inspirado por um livro? Foi numa aula? Numa palestra? Lembre-se do nascimento de sua missão. O que o motivou a estar aqui?

BEBÊ TRAINER

Estive na fase chamada de bebê trainer na primeira vez em que eu fui falar em público. Você deve se lembrar da cena patética que foi quando me deixaram falando sozinho naquele auditório. Ali, eu era um bebê.

Nesse estágio, temos a nossa primeira experiência no palco. Por conta das poucas habilidades ou de nenhum conhecimento profissional, somos considerados bebês.

Nessa fase, o Trainer talvez ainda nem pense em viver profissionalmente dessa experiência. Talvez ele exerça sua habilidade como uma atividade secundária, voluntária ou como hobby.

O mais importante é que ele já sente que existem oportunidades e pode até receber convites para falar e transformar algumas pessoas das suas pequenas plateias. Na maioria das vezes, essa atividade não é remunerada, mas dá a ele uma imensa alegria.

Agora, o que eu sugiro é que você tente se lembrar de como foi a primeira vez que você falou em público.

Escolha uma ocasião que tenha sido relevante para você. Talvez tenha sido na escola, na Igreja, num enconro de marketing multinível, numa reunião de negócios, na empresa ou mesmo para uma plateia considerável. Qual foi o tamanho do seu público? Qual foi o tema? Por quanto tempo você falou? Você se lembra de ter prendido a atenção das pessoas? Estava nervoso ou com medo? Como foi sua estreia?

CRIANÇA TRAINER

A fase criança se caracteriza pelo engajamento no universo de palestras e treinamentos, seja como aluno, equipe de apoio e até para arriscar participações especiais no palco.

Para mim, foi quando eu comecei a fazer todos os tipos de cursos indiscriminadamente, mergulhando na literatura. Naquele momento, eu deixei de ser um bebê e passei a ser uma criança, porque eu me dispus a aprender. Talvez você seja uma criança simplesmente porque você está lendo este livro.

Normalmente, nessa fase o candidato se sobressai na maioria dos treinamentos porque já vislumbra seu futuro e se sente preparado para evoluir. Ele também busca conhecimento por meio de leituras e cursos específicos para palestrantes e treinadores porque sabe que precisa se profissionalizar, se quiser estar entre os melhores. Alguns, inclusive, já arriscam fazer suas palestras e treinamentos sendo bem comum modelarem alguém que admiram. Eles aproveitam todas as oportunidades que têm para falar em público. São os primeiros voluntários quando alguém é chamado no palco. São eles que levantam a mão e correm para lá!

Descreva a sua fase criança. Quais treinamentos impactaram você? Que livros você leu? Quais foram os primeiros conteúdos estruturados? Quem você tem ou teve como modelo? Onde fez suas aulas, palestras ou treinamentos? Para qual público ou qual empresa? Descreva como foi essa fase, caso já tenha passado por ela.

JOVEM TRAINER

Talvez você esteja num estágio avançado, num estágio de um jovem. Um jovem é aquele que está no início da carreira. Quando eu comecei a dar as primeiras aulas de leitura dinâmica e a fazer as cem matrículas, comecei a realizar minhas primeiras vendas e através dos treinamentos eu atingi a minha meta.

Nessa fase, o candidato a trainer pode ser um professor no início da carreira, dando suas primeiras aulas. Pode ser um coach que já aprendeu a conduzir alguns processos de coaching em grupo ou até mesmo um palestrante começando sua carreira. Esse profissional já experimenta o gostinho de ser pago por alguns trabalhos. Ainda faz muitas palestras *pro bono*, sem cobrar cachê, com o intuito de praticar a sua missão e se tornar mais conhecido.

Além disso, ele já começa a sonhar, de uma forma mais estruturada, em viver apenas dessa profissão. Pensa em ter um site, escrever um livro, ser conhecido. Ele varia entre palestras gratuitas e algumas pagas e começa a ser convidado por empresas ou instituições para entregar a sua mensagem.

Procure se lembrar se você já passou por essa fase e como foi sua primeira apresentação paga. Como foi a negociação? Você vendeu ingressos por pessoa ou foi uma contratação? Onde foi? Quando? Para quem? Qual era o assunto? Como você se sentiu?

ADULTO TRAINER

Eu só pude me considerar adulto, quando as empresas começaram a me contratar e comecei a viver profissionalmente desta atividade. Sinto que virei adulto quando eu participei daquele evento, "Cinco Chaves para o Sucesso", organizado pelo Pierre, da família Schurmann. Dividi o palco com grandes nomes do mercado e tive o privilégio de encerrar o evento. O Pierre, que faria isso, ao ver uma gravação de uma palestra minha em VHS, me convidou para tomar o lugar dele para fechar com chave de ouro e ele assumiria o papel de Chairman, ou seja, o apresentador dos palestrantes. Foi uma grande oportunidade; na plateia estava o criador da Turma da Mônica, o Maurício de Souza, o presidente do Citibank, entre tantos outros. Daquele momento em diante, as empresas começaram a me chamar.

Nessa fase, o Trainer já vive profissionalmente dessa atividade. Seja como um professor que decidiu ser palestrante ou treinador, ou como um coach que já foi direto para essa atividade. Ele já consegue viver oficialmente dessa profissão. Ou seja, não precisa de outro trabalho para pagar suas contas.

A esta altura, ele já tem um site, um blog, uma fanpage, talvez até um livro, redes sociais e, muito provavelmente, já não trabalha mais sozinho. O mais provável é que tenha pelo menos uma pessoa na sua equipe que faz sua assessoria, ajudando na parte comercial, para vender suas palestras e enviar propostas.

O adulto Trainer já consegue ter depoimentos de empresas e pessoas que ele ajudou a transformar. Já fez várias viagens pelo Brasil e talvez pelo mundo. No entanto, ainda sente muito peso da concorrência.

Sente que navega no oceano vermelho. Perde propostas por preço. Às vezes, tem que dar descontos para poder entrar numa empresa. Às vezes, precisa aceitar fazer treinamentos para plateias bem modestas.

Agora, veja: quais canais de comunicação você usa? Como estão suas redes sociais e os meios de divulgação do seu trabalho? Você já tem livros publicados ou é coautor? Lembre-se de como foi a decisão de viver apenas dessa profissão.

MESTRE TRAINER

Quando eu estava com anos de carreira e minha agenda estava lotada, acreditei que estava na fase madura do treinamento. Eu era um Mestre. Um Mestre Trainer é um profissional que já tem alguns anos de experiência e uma certa consolidação no mercado. Normalmente, está bem posicionado e cria seus próprios conteúdos de acordo com sua experiência. É dono de métodos exclusivos.

As empresas e pessoas já ouviram falar do seu nome e de seu Power Tema. Ele já tem em seu currículo palestras em algumas grandes empresas ou treinamentos para grandes públicos, caso esse seja seu posicionamento. Se não, numerosos treinamentos frequentes para públicos menores.

Tem uma coleção de depoimentos. Não raramente, tem mais de um livro publicado, diversos materiais de treinamentos em DVDs, cursos online e até um posicionamento digital. Seu nome já é conhecido no mercado de palestras e treinamentos e tem um bom ranqueamento no Google. O Mestre Trainer é bem estruturado financeiramente. Provavelmente já fez palestras em outros países. Ele sabe, comprovadamente, o que é transformar a vida de centenas de pessoas e empresas.

Já não precisa dar desconto em suas apresentações ou baixar seu cachê para ganhar a concorrência com outros nomes. As pessoas e empresas pagam o que ele vale, pois conhecem sua qualidade. Está posicionado como um Trainer Série A.

Para entender essa sua fase, se você acredita que já chegou nela, tente se lembrar de quais foram os melhores depoimentos de transformações que você já recebeu na sua área de atuação, sejam de pessoas ou empresas. Lembre-se sobre seu treinamento ou palestra mais impactante, sobre um momento em que você sentiu que já tinha atingido a maturidade. Busque em sua memória contratações nas quais você foi escolhido não por preço, mas pelo seu nome, posicionamento e por sua qualidade.

DINOSSAURO TRAINER

Um Mestre Trainer que não se atualiza, que se acomoda vivendo sempre de sua mesma palestra "enlatada" ou do mesmo treinamento, que acredita que em time que está ganhando não se mexe, que para de estudar e se atualizar, corre um sério risco de cair na categoria Dinossauro – que nada mais é que um ser fora de seu tempo, que não aceita modificar o que é e a maneira como conduz as coisas, para se atualizar ou aprimorar sua forma de impactar a plateia.

O Dinassauro Trainer só tem 3 caminhos:

- MORTE
- REJUVENESCIMENTO
- LEGADO

MORTE

Conheço algumas lendas no mercado de palestras e treinamentos que estão na fase dinossauro e não se deram conta disso. Não perceberam ainda que o sucesso do passado não garante sucesso no futuro. Nem sequer no presente, em alguns casos.

Esses brilhantes profissionais, que transformaram o mercado de palestras e treinamentos há algumas décadas, optam por se aposentar e não rejuvenescer. E, em se tratando de presença de mercado, eles morrem. Particularmente conheço alguns Dinossauros

Trainers que não cuidaram dos seus ganhos financeiros e continuam trabalhando indefinidamente numa fase clara de decadência de suas carreiras, exatamente por não terem tido ninguém que os alertasse da armadilha de ser um Dinossauro sem preparar um plano de saída ou outra escolha que fosse mais adequada do que aceitar a vida que estão vivendo atualmente.

Alguns profissionais desta área, por não terem se atualizado e rejuvenescido, não podem se dar ao luxo de parar de trabalhar.

E o pior é que, depois de uma fase onde ditavam o preço, agora precisam aceitar o que os contratantes estão dispostos a pagar.

Trainers inteligentes constroem um bom plano de saída. Afinal, todos merecemos um descanso tranquilo e seguro. Se você acredita ser um Dinossauro Trainer, tenho boas notícias: nem tudo está perdido!

Se a sua meta for parar em algum momento da vida, se sentir que sua missão pode ser cumprida até determinado momento de sua trajetória, perfeito. Não há nada errado em sair de cena profissionalmente. Porém, certifique-se de ter uma boa renda passiva para aproveitar o novo ciclo de vida sem escassez.

Para que você não morra nessa profissão, não se torne um Dinossauro, você precisa planejar muito bem o seu futuro.

E é bom saber que, uma vez tendo optado por parar, você ainda pode deixar o seu legado, o que seria um belo plano de saída! O que é cada vez mais possível por conta da tecnologia disponível.

Ou se você deseja continuar, então sua escolha deveria ser Rejuvenescer!

REJUVENESCER

No meu caso, quando atingi o patamar de Mestre, corri um sério risco de me tornar um Dinossauro também. É tentador, fácil e cômodo! Porém, optei por Rejuvenescer. Descobri o mercado digital, onde consegui trilhar uma nova jornada, escalando muito mais. Foi dentro do mercado digital que entendi novas possibilidades e criei um universo que possibilitava maiores chances de alcance do meu negócio.

Assim como muitas pessoas lançam mão de recursos para rejuvenescer corpo e mente, o Trainer também pode fazer isso. Para recuperar sua vitalidade e conseguir voltar para a fase da maturidade, é necessário estar aberto a mudanças e ter consciência de que o que funcionava no passado, muito provavelmente não funciona mais.

A forma de vender, de se comunicar, de entregar conteúdo e transformação está sempre mudando. E o mais incrível é que as mudanças são exponenciais. Veja: o seu smartphone é um milhão de vezes mais barato e mil vezes mais potente que um supercomputador da década de 80. O telefone no seu bolso terá 524.288 vezes mais poder de processamento. Um dia, ele superará a capacidade de processamento do seu cérebro.

Se a tecnologia evolui nessa velocidade, adivinha quem precisará estar sempre inovando, caso não queira morrer? Você! Não se falava em conferência por Zoom ou Skype há alguns anos. Eu já falei com 6 mil pessoas sentado na cadeira do escritório de casa, através de um webinário. Algo que simplesmente não existia quando comecei a minha carreira. Aliás, que era inimaginável para mim.

O fato é que as invenções mais incríveis ainda não foram criadas, enquanto você lê esta linha. Rejuvenescer é manter-se aberto ao novo e às mudanças, que acontecem numa velocidade cada vez maior.

Mas se você não deseja rejuvenescer, está numa fase em que deseja colher os merecidos frutos de uma vida de entrega, uma terceira opção para não ficar como um Dinossauro e ter um grandioso plano de saída seria deixar o seu Legado.

LEGADO
Deixar um legado de sua missão está diretamente relacionado a um pensamento de abundância. Trata-se de encontrar uma forma atual

e funcional de ensinar aquilo que você aprendeu e aplicou durante sua vida e sua carreira.

Você pode criar ativos através de cursos online que gerem renda residual. Pode também treinar um exército de profissionais e duplicar seu método pelo mundo. As oportunidades e possibilidades são inimagináveis.

Você pode, por exemplo, criar um instituto e deixar que seu conhecimento e sua força de transformação se perpetuem, mesmo quando você já nem estiver nesse plano físico.

Foi exatamente isso que fez Dale Carnegie, num tempo em que as opções nem eram tantas quanto existem atualmente. Dale Carnegie tem seu instituto espalhado pelo mundo todo. Até hoje, seu livro está entre os mais vendidos no planeta e seu método sobre "Como Fazer amigos e Influenciar Pessoas" é ensinado para executivos que desejam atingir um novo nível em suas carreiras.

Alguns grandes nomes morrem e levam consigo tudo o que aprenderam, outros deixam um legado como Napoleão Hill, Zig Ziglar e tantos que vão ficar eternizados com seus métodos e ensinamentos.

HORA DA AÇÃO!

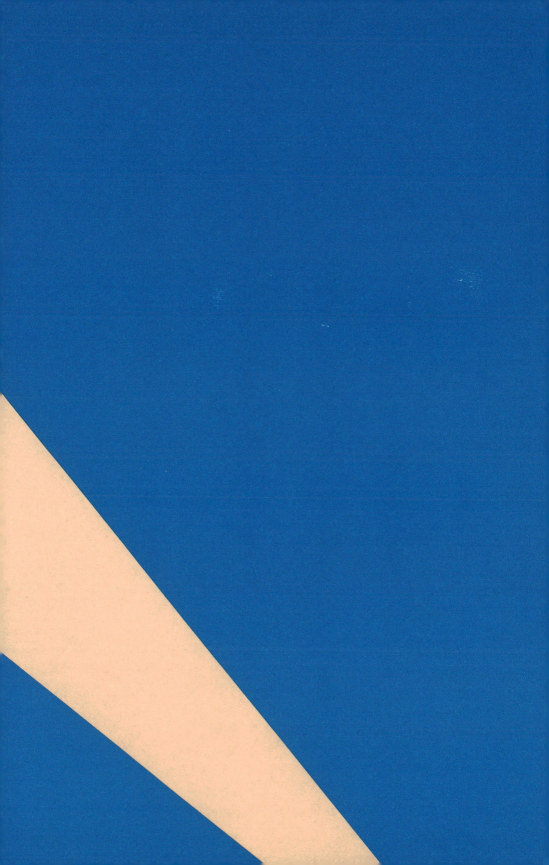

ANTES QUE O RAPPORT ACONTEÇA, NADA ACONTECE

Você já aprendeu a importância de criar um Power Tema, que pode ser um alinhamento de motivação interna e externa. Percebeu que você pode ensinar o que ama e ser bem remunerado por isso, se for esse seu desejo. Aprendeu que existem 4 perfis naturais de trainers com suas forças e fraquezas. Entendeu a importância de ter consciência de qual é o seu perfil dominante para que você possa explorar suas forças e minimizar suas fraquezas. Descobriu com clareza que o Power Trainer tem estágios na vida e independentemente de qual estágio você está, todos nós vamos nos tornar maduros, Mestres e precisamos tomar cuidado para não nos tornarmos Dinossauros.

Esse conhecimento por si só já te coloca à frente de 99% dos candidatos a treinadores e palestrantes que nem sequer sabem o que você aprendeu. Mas agora é hora de arregaçarmos as mangas e partirmos para a ação prática.

Talvez o ensinamento mais importante para um Power Trainer seja descobrir que sem rapport nada acontece!

Sabe quando uma pessoa sobe ao palco e você tem uma conexão imediata com ela? Quando acontece aquela espécie de química que faz com que você fique vidrado no que ela fala e você até tem a impressão de que aquela pessoa sabe o que você sente, como pensa e é até parecida com você?

A sintonia acontece imediatamente, nos provoca algo, e a empatia flui, é como se a pessoa que estivesse diante de nós fosse capaz de entrar no nosso mundo e, como num passe de mágica, parece que aquela pessoa sabe exatamente como nos sentimos.

De repente, parece até que temos um laço forte em comum. O Tony Robbins diz, inclusive, que essa é a essência da comunicação bem-sucedida.

Sabe do que estou falando? Do rapport.

A palavra pode parecer difícil porque ela vem do francês. Sua tradução seria mais ou menos "ser parecido com". Agora eu vou te contar porque considero o rapport tão importante: dois segundos é o tempo que leva para existir um rapport entre duas pessoas e rapport é o veículo mais poderoso para conquistar a sintonia e a empatia com o outro.

Imagine que quando um palestrante sobe ao palco, ele tem pouco tempo para estabelecer essa conexão com a plateia. O rapport é como uma arte que faz com que esse indivíduo se pareça com a sua plateia.

Certamente, se você quer ser um treinador de alto impacto, é fundamental se conectar com a sua plateia de imediato. O rapport é o caminho mais curto e rápido para conquistar seu público e fazer com que todos simplesmente sintam que você tem algo que efetivamente pode impactá-los.

Se estamos falando de uma arte, é claro que deve ser executada com maestria. Não é tão simples assim se ajustar ou se igualar a alguém, acompanhando e espelhando o comportamento – seja verbal ou não verbal – da audiência.

Quando eu falo que um Power Trainer deve espelhar ou igualar, quero dizer que ele deve se manifestar como a outra pessoa se manifesta. Esse é o caminho básico para se estabelecer o rapport.

Você deve estar se perguntando "mas este é um talento mágico?" Na verdade, construir um nível de rapport profundo para fazer com que as pessoas se sintam verdadeiramente conectadas com o que você irá transmitir de maneira segura é como uma lição de casa.

Pessoas que conseguem obter rapport com facilidade geralmente conquistam a plateia num piscar de olhos. Você já deve ter notado as raras ocasiões em que gostou de alguém de forma instantânea. Estas pessoas tinham a facilidade e habilidade de fazerem com que você pensasse: *posso relaxar diante dela, que ela pensa como eu.*

Pois é: antes que o rapport aconteça, nada acontece. Anote esta frase.

O rapport é um dos alicerces do PNL e eu o vejo como um processo importante e eficaz em qualquer comunicação. Afinal, quer coisa melhor do que saber que a pessoa do outro lado vai ser receptiva ao que está sendo dito?

Quando sabemos estabelecer esse laço de confiança, criamos uma atmosfera onde a mágica acontece. É aquela atmosfera de confiança mútua que transcende tempo e espaço.

Você deve estar se perguntando como fazer um rapport com uma plateia, já que ela é composta de pessoas diferentes entre si.

O fato é que toda plateia forma uma egrégora, que é como se denomina a força espiritual criada a partir da soma de energias coletivas. Eu diria que é quase uma espécie de energia invisível dominante. E é com essa energia que você vai entrar em rapport. Para isso, você não deve falar considerando apenas as visuais ou auditivas ou cinestésicas. Você deve falar com todos. E isso é possível quando você altera sua fala, seu tom de voz e seus gestos, atingindo e tocando todos.

Mas, Rodrigo, como conseguirei criar esse rapport, se nem sei quem estará na plateia?

Essa é uma pergunta-chave, afinal a primeira coisa que você precisa fazer antes de subir num palco é partir para um processo investigativo do seu público.

É fundamental saber para quem você vai falar. Essa é uma premissa básica que você deve respeitar, por isso, sempre tenha em mãos um briefing. Faça perguntas e não se dê por satisfeito com as respostas até que entenda exatamente o perfil daquele público.

Caso você seja pego desprevenido ou seja convidado a subir num palco de última hora, faça perguntas para conhecê-lo. Seja natural, seja você mesmo! As pessoas vão perceber, ou melhor, vão sentir isso! É nesse momento que a mágica do rapport começa a acontecer.

Lembra que dissemos que autenticidade é o nome do jogo? Pois bem: agora é importante você discernir bem o que vou trazer. O rapport é uma forma de se comunicar. Autenticidade é quem você é.

Sua autenticidade somada ao carisma e sua vontade de entregar o seu melhor, fará com que o rapport com sua audiência venha à tona de forma poderosa!

Quando usamos o rapport, usamos uma mensagem subliminar, inconsciente. Num rapport individual, é como se houvesse um espelho entre nós. Usamos os mesmos gestos que a outra pessoa, falamos na mesma velocidade, modelamos o tom de voz, expressões faciais e até mesmo a forma de respirar. Nossa fisiologia é a mesma. Sentamos da mesma forma.

Comece a olhar em restaurantes. Um casal conversando. Se eles estão espelhados fisicamente, estão em rapport. Se um deles está debruçado na mesa e o outro afastado de braços cruzados, pode apostar, não existe rapport nenhum ali.

Este tipo de rapport, individualizado, funciona bem em vendas, numa reunião de negócios ou para casais.

Rodrigo, dá para fazer isso numa plateia?

A resposta é não. Por quê? Porque na plateia você vai ter vários tipos de pessoas: visuais, auditivas ou cinestésicas. Você vai ter também lá todos aqueles perfis que comentamos há pouco – os especialistas, os generalistas, humoristas e os artistas.

Obviamente, os humoristas sentirão uma empatia imediata com o humorista no palco, especialistas com o especialista e assim sucessivamente.

O que você precisa fazer? Você tem que variar, você tem que ser um pouquinho de cada um. Como? Lembra do resultado do teste? Como seria um Power Trainer que consegue transitar entre os quatro perfis? Pois bem, para fazer um rapport com a sua plateia, é necessário mobilizar estas quatro formas de comunicação. Eu, em alguns momentos, faço questão de aprofundar o tema com dados para criar rapport com os especialistas da plateia e dar credibilidade ao que estou falando.

Também incorporei pequenas sacadas de humor que descontraem, ao mesmo tempo, quando falo da minha história. Sei também o quanto é poderoso trazer à tona o sentimento para aqueles que são artistas e ajudá-los a se conectarem a fundo.

Vou dar um exemplo básico de como isso funciona. Como é a velocidade da sua fala? Você fala rápido ou devagar? Numa apresentação, em alguns momentos você necessariamente precisará falar num ritmo bem lento, e em outras horas, com uma velocidade acelerada.

Por quê? Porque quando você quer atingir as pessoas que são mais visuais ou manter a atenção das pessoas, você fala numa velocidade mais rápida. Quando a intenção é emocionar, você literalmente solta o pé do acelerador e muda o tom de voz como se estivesse contando uma história para uma criança. Ou você já viu alguém emocionar como se estivesse narrando um jogo de futebol pelo rádio?

O objetivo maior com o processo de rapport é definir um sistema confiável, verificável e de *feedback*. Eu tenho absoluta certeza que dá para sentir se está ou não em rapport com a sua plateia. Você perceberá isso estando atento às reações não verbais do seu público.

É extremamente importante que você se mantenha atento à fisiologia da sua plateia. A essa atenção damos o nome de acuidade sensorial.

O espelhamento, quando feito de maneira discreta e sutil, enfatiza a importância da percepção de aspectos do comportamento da outra pessoa, permitindo que você se aproxime do modelo que ela tem de mundo, isto é, da interpretação que ela faz dos acontecimentos ao seu redor.

Agora, antes de falarmos mais a fundo sobre rapport individual e com a plateia, lembre-se destas duas dicas de ouro:

- Nunca (nunca, nunca, nunca, nunca) começar uma estrutura de palestra com conteúdo, antes de contar uma história;

- Nunca (nunca, nunca, nunca, nunca) fale com o público sem antes você saber algo a respeito dele.

RAPPORT INDIVIDUAL

Para obter rapport individual com outra pessoa você precisa espelhar qualquer parte do comportamento dela.

"Rodrigo, de que forma faço isso?", você deve estar se perguntando.

Você deve acompanhar o jeito que ela fala e o que ela diz sem falar, compreende? Veja os movimentos do seu corpo e tente estabeceler esse rapport através do espelhamento.

"Mas então preciso prestar atenção nisso durante toda a conversa?"

Alto lá! Na verdade, gradativamente, você irá mudar para o seu comportamento natural e, então, ficar atento ao que acontece com a outra pessoa.

Se ela começar um espelhamento inconsciente dos seus movimentos, como se estivesse fazendo o mesmo tom de voz que o seu, calculando a mesma velocidade na fala e gestos, isso significa que o rapport foi estabelecido com extremo sucesso.

Eu acredito muito que tem que levar a sua energia e a sua verdade e que rapport significa sair da sua zona de conforto, que é sua maneira mais confortável de comunicar-se em prol da outra pessoa. Estabelecer rapport é um ato de generosidade e doação, porque você sai do estado ao qual está habituado, para conseguir entrar no universo daquela pessoa e desta forma, poder trazê-la para junto de si.

Em outras palavras: você se preocupa com quem está te ouvindo. E eu vou te dizer uma coisa: isso é um baita jeito de respeitar o outro. É assim que eu vejo rapport.

Se eu estou falando com um presidente de empresa, que não é necessariamente o perfil com o qual me conecto mais no aspecto de *"eu pego onda, eu gosto de ir para praia, eu sou o cara que tem uma banda"*, então, o que eu faço? Eu saio da minha zona de conforto e ajo para que aquele indivíduo se conecte comigo. Ou você acha que ele iria me ouvir, se eu aparecesse de chinelo e bermuda para uma reunião na empresa que ele preside de terno e gravata? Por isso, eu digo e repito: rapport é quando você se preocupa genuinamente com seu interlocutor e o respeita, embora ele seja diferente de você.

Ao mesmo tempo, se estou num evento, não vou usar certo tipo de dinâmica para me comunicar com o público. Mas isso falaremos mais adiante, quando mencionarmos o rapport com a plateia.

Também é importante conhecermos a diferença entre um indivíduo visual, auditivo e sinestésico para seguirmos adiante.

O visual fala muito rápido porque ele vê, na mente dele, imagens. Então, ele tenta descrever as imagens que vê. Por isso, "come" letras e não liga muito para a concordância verbal. Ele só quer falar e falar.

O auditivo primeiro escolhe a palavra a ser utilizada. Depois, preocupa-se com o tom de voz. É ele quem geralmente fala de maneira mais pausada, com o vocabulário elucubrado. Seria o que eu faria para um grupo mais elitizado.

Os cinestésicos têm a ver com sensação, com sentimento. O que quero dizer com isso? Que com estes, você precisa falar e esperar que ele sinta.

O rapport é basicamente você sair da sua zona de conforto para ficar parecido com o outro. E antes que exista essa conexão nada mais acontece.

FORMAS DE SE OBTER RAPPORT

Fisicamente, existem alguns mecanismos que são formas conhecidas de se obter rapport.

- Expressões faciais: levantar sobrancelhas, apertar lábios, enrugar nariz etc;

- Postura: ajustar seu corpo para combinar com a postura do corpo do outro ou parte do corpo do outro;

- Movimentos corporais: imitar qualquer movimento do corpo que seja constante ou característico. Exemplo: piscar de olhos;

- Gestos: imitar com sutileza os gestos da outra pessoa;

- Qualidades vocais: tonalidade, timbre, velocidade, volume, hesitações, pontuação etc;

- Palavras processuais: detectar e utilizar em sua própria linguagem os termos utilizados pela outra pessoa. Exemplos: ok, certo, pronto, tá;

- Frases repetitivas: utilize frases repetitivas usadas pela outra pessoa, mas sempre com muito cuidado para não parecer forçado;

- Respiração: ajuste sua respiração para o mesmo ritmo de respiração da outra pessoa;

- Espelhamento cruzado: use um aspecto de seu comportamento para imitar um aspecto diferente do comportamento do outro. Exemplo: balançar suavemente uma parte do seu corpo no mesmo ritmo da respiração do outro.

RAPPORT COM A PLATEIA

Já falei aqui da importância de se fazer um briefing antes de uma apresentação, certo?

É de vital importância que você conheça seu público, portanto, nunca vá para uma apresentação sem antes ter feito um briefing sobre quem é sua plateia. Você precisa considerar o nível de cultura e conhecimento das pessoas que irão assistí-lo.

Quanto mais inculto o auditório, menos exigente em relação ao conteúdo eles tenderão a ser e, por isso, sua responsabilidade e foco maiores podem ser colocados na emoção.

No entanto, quanto mais intelectualizada for sua plateia, mais exigente ela será em relação à profundidade do seu conteúdo, às suas fontes de pesquisa e citações. Por isso, quando temos um briefing poderoso, acertamos em cheio a apresentação para o público que será transformado.

Aqui, vale um parêntese. Se transformação não acontece sem emoção, também não haverá conexão que leve à emoção se você não conseguir estabelecer rapport. Então, se você já sabe que deve ser você mesmo e autêntico e buscar ter energia e carisma, saiba que também é de vital importância estabelecer rapport com a plateia.

Se você está diante de uma plateia com um nível intelectual alto, você pode fazer isso de um modo eficiente de que forma? Primeiro conquistando o hemisfério esquerdo do cérebro de sua audiência, que é a parte lógica, mostrando que você sabe do que está falando e demonstrando que você conhece profundamente o seu tema.

Assim, através do seu conhecimento e com sua autoridade, talvez você possa apresentar dados e resultados, para depois, gradualmente, ir conquistando o hemisfério direito deles, o responsável pelas emoções, pois é lá que a transformação acontece! Não se esqueça: não existe transformação sem emoção!

Antes de subir num palco, se eu sou convidado por uma empresa, faço impreterivelmente uma reunião de briefing e, quer saber de uma coisa? Talvez o motivo de eu ser recontratado inúmeras vezes por empresas que me contratam pela primeira vez, é porque eu cuido muito do briefing.

O que eu quero que você entenda é que, quando me dedico para que as minhas palestras sejam absolutamente personalizadas, eu faço uma investigação profunda da empresa para saber sobretudo qual é o objetivo do evento, qual a mensagem que o contratante gostaria que eu entregasse e também como eles gostariam que a plateia se sentisse ao término da palestra.

Então, eu já tive briefings vagos como: "*ah, a gente quer melhorar as vendas*", ou "*a gente quer melhorar o ambiente corporativo*", ou "*a mensagem é que as pessoas saiam daqui com um sentimento de conteúdo de valor, de entrega*", ou "*a mensagem é de transformação, eu quero que eles saiam motivados, eu quero que eles saiam preparados para atingirem as metas no final do mês*".

É a partir daí que começam as perguntas mais específicas que farão a diferença. Eu pergunto desde como é o dia a dia de quem vai me assistir, qual é o perfil do público, até a faixa etária, o grau de instrução, e a média de ganho. Acredito que, se eu estou falando com o indivíduo que trabalha no "chão de fábrica", ficaria arrogante citar minhas conquistas materiais. Isso quebraria o rapport.

No entanto, se eu estou falando com presidentes e diretores de uma empresa, não tem qualquer problema fazer este tipo de relato. Pelo contrário: traz um certo glamour e, consequentemente, respeito pelo profissional que eles estão ouvindo, pois eles percebem que estão diante de alguém que faz o que fala. Ensina o que vive. Cria conexão, cria rapport!

Se eu estou falando com pessoas que são especialistas e técnicos, eu posso ter o direito de começar: "olá, pessoal, eu sou engenheiro, formado pela USP, com pós em psicologia, eu tenho formação de master practitioner em PNL, com Richard Blander, que é cocriador da PNL, e fiz vários treinamentos com Tony Robbins e é um prazer, uma honra, estar aqui com você, parabéns por estarem aqui".

Sempre peço para a pessoa que for me apresentar, dizer aquilo que eu quero que ela diga. Por isso, nunca deixe alguém te apresentar sem que você veja antes o que esta pessoa dirá de você.

Por quê? Por experiência própria. Quando a pessoa lê todo meu currículo, e meu currículo é grande, ele está agindo contra mim. A plateia começa a pensar, mesmo que inconscientemente: se esse cara é tão bom assim, quero que me prove. Então você começa a ver braços se cruzando, pessoas se fechando. Tudo que um Power Trainer não quer.

Eu já tive momentos em que para reverter esta situação foi muito complicado.

Certa vez, depois de um mestre de cerimônias ler todo meu currículo, e a plateia começou a se fechar, eu subi ao palco e disse: "*gente, posso pedir uma gentileza para vocês? Esqueçam tudo o que ele falou*" – isso foi rapport intuitivo!

Então, prossegui:

"De que adianta eu ter um currículo impecável como esse e terminar a palestra e você achar uma droga? Então, eu prefiro que você zere a sua expectativa, coloque tudo o que ele falou no lixo, porque apesar de ser um currículo legal, não vai mudar nada na sua vida o meu currículo, então, zerem suas expectativas".

Conforme falei isso, foi instantânea a conexão. As pessoas literalmente soltaram o peso do corpo na cadeira e a palestra foi um show!

Uma maneira efetiva de se estabelecer rapport é através das perguntas de conexão, como por exemplo:

"Quem aqui já ouviu falar do Rodrigo, levanta a mão", ou então, "Quem nunca ouviu falar?"

Desta forma, 100% das pessoas conectam com você imediatamente. Se perceber que algumas pessoas não levantaram a mão, vale brincar através da pergunta:

"E quem não vai levantar a mão, eu posso fazer a pergunta que for, levanta a mão agora".

Desta forma, você quebra o gelo com a plateia e eu vou te contar mais um segredo: quando você pede para a plateia levantar a mão, você levanta a sua mão e, quando você vai fazer uma outra pergunta, você levanta a outra mão.

São alguns detalhes imperceptíveis que criam uma conexão com a plateia. A ideia é movimentar o corpo de 100% das pessoas logo no contato inicial.

Conheço inúmeros palestrantes que perdem a grande oportunidade de se conectar com a plateia de forma íntegra e satisfatória. Estes entram, dão sua mensagem e vão embora sem fazer uma pergunta sequer de conexão. São aquelas palestras nas quais as pessoas costumam dormir ou levantam e vão embora antes do final, porque não se sentem transformadas.

Minha dica é: comece perguntando, sempre. Eu costumo fazer isso.

O mais interessante disso tudo é que você pode conectar a sua pergunta com o Power Tema. Por exemplo, se você vai falar sobre finanças, a pergunta pode ser: "pessoal, deixa eu fazer uma pergunta: tem três tipos de pessoas, os gastadores, os poupadores e os endividados. Quem aqui é aquela pessoa que gasta tudo o que ganha, levanta a mão". Depois disso, a pergunta seguinte "quem é aquela pessoa que tem o hábito de poupar?" No final, a última "E, olha, nem vou perguntar quem são os endividados". Nessa hora os primeiros sorrisos começam a surgir!

Desta maneira, além da conexão, você vai distinguindo a plateia na palestra, desta forma, você passa a conhecer o seu perfil de público. Se não for uma palestra corporativa e sim uma palestra na qual você está subindo ao palco e não teve oportunidade de conhecer o público, pergunte sempre.

No meu repertório de perguntas – e eu sugiro que você crie seu próprio repertório baseado no seu Power Tema – eu pergunto, por exemplo, quantos são casados, quantos são solteiros, quem tem filhos...

E você deve estar se perguntando: "por quê?". A questão é que dependendo do volume de pessoas com filhos, eu falo mais dos meus filhos. Se eu estiver falando com pessoas solteiras, não adianta nada eu ficar falando de casamento.

Caso você tenha a dúvida se deve ou não aprofundar num assunto, vale perguntar para a plateia e tirar a dúvida para não correr o risco de seguir num discurso que desconecte do seu público.

Sempre que você puder, vale reforçar, faça pergunta que seja seguida de uma contra pergunta, que conecte com 100% da plateia: ou a pessoa é casada, ou ela é solteira ou ela é tico-tico-no-fubá e você vai perguntar também – quem está namorando, quem é casado, quem ainda não se definiu.

Perguntas de conexão são extremamente poderosas. Experimente-as!

ENTUSIASMO É COMBUSTÍVEL

Quem não gosta de estar ao lado de uma pessoa entusiasmada? Você mesmo já deve ter tido seus dias de cão em que encontrou aquele amigo cheio de entusiasmo e seu astral e humor imediatamente mudaram.

Entusiasmo é algo contagiante que faz com que as pessoas fiquem energizadas. Se é bom estar rodeado de pessoas com essa energia, imagine só assistir a uma palestra cheia de entusiasmo.

Quando um palestrante sobe ao palco entusiasmado, é como se ele iluminasse a plateia toda e trouxesse vida para a apresentação. A minha pergunta é: como você gostaria de ver alguém se apresentando no palco? De maneira apática, insensível, fria e distante ou entusiasmada?

Claro que o entusiasmo é uma característica de um Power Trainer. Esse mesmo entusiasmo é o combustível de sua expressão verbal e dita o sucesso de uma palestra ou treinamento.

Quando eu falo em entusiasmo, me refiro ao brilho nos olhos. Aquele mesmo brilho que eu nem percebi que não tinha da primeira vez que subi ao palco. Mas foi a ausência dele e o resultado pífio da minha primeira apresentação que fizeram com que eu buscasse corrigir as arestas. E se eu, que comecei da pior maneira possível, consegui, tenho certeza de que qualquer pessoa consegue.

Para dar certo, não basta simplesmente subir ao palco de qualquer jeito. É necessário entrar de corpo e alma e levar energia, brilho nos olhos e entusiasmo. Esse ingrediente chave faz a diferença no final do seu show. Então, quando você está de bem com seu corpo e sua saúde, a energia fica ainda mais alta.

Assim como é um erro um atleta ir para uma competição sem uma bela noite de sono, o rendimento de um Power Trainer está diretamente relacionado a alguns hábitos de saúde. Não dormir bem, subir ao palco cansado e sem autoconfiança pode ser um erro fatal.

Hoje, me alimento de forma equilibrada e saudável e sei o quanto isso impacta no meu rendimento como treinador. A prática de exercícios físicos também faz uma diferença brutal, já que é uma excelente fonte de energia.

Ah, e lembre-se: deixe de lado o celular antes de uma apresentação. O risco de se deparar com um desafio minutos antes de subir ao palco é enorme e esse mesmo desafio pode tirar toda sua concentração e influenciar de maneira desastrosa na sua apresentação. Foco é importante para ter uma boa concentração e um resultado ao entrar em cena. Pense que a sua plateia merece ter você por inteiro.

Estar por inteiro faz com que seu estado de presença seja absolutamente diferente. É como se você estivesse focado simplesmente em dar seu melhor naquele momento para aquelas pessoas que estão ali para te ouvir. Para muitas delas, é a última chance que dão a si mesmas de fazer algo por elas. Por isso, acredito que nenhuma subida ao palco deve ser desperdiçada, porque estamos lidando com vidas e pessoas que estão ali esperando algo.

Claro que o conteúdo vai agregar valor, mas a maneira como nos portamos, comunicamos e o estado de energia com que entramos em cena, fazem toda a diferença numa apresentação.

Caso você seja tímido, se não trabalhar a timidez, isso pode reduzir a força da sua presença. Em geral, a timidez é um sintoma decorrente da falta de autoestima e autoconfiança. Também é possível que existam pessoas com o sonho de subir ao palco, mas que possuem receio de desagradar ou de não se sobressair, ou mesmo preguiça, inércia, falta de força de vontade.

Quem é tímido sente vergonha logo de cara quando entra em contato com estranhos. E não estamos falando de um número pequeno de pessoas: as pesquisas apontam que cerca de 56% da população se considera tímida e tem dificuldades específicas, principalmente quando expostas a uma situação nova ou a um contexto de exposição e de avaliação.

Vencer a timidez é possível quando você deseja desenvolver uma personalidade forte, já que esse comportamento pode se tornar um obstáculo no desempenho de profissões que exigem comunicação e liderança.

É preciso que você entenda que ninguém nasce tímido. As pessoas podem estar tímidas por um curto ou longo período, mas existem técnicas para mudar esse estado. No Ultrapassando Limites, existem algumas técnicas que uso com aqueles que querem vencer a timidez. É impressionante a velocidade com que isso é possível, pois timidez é um estado emocional e, portanto, uma escolha! Porém é algo que precisa ser feito presencialmente.

O que estamos dizendo aqui é que o entusiasmo é um combustível perfeito para elevar a sua apresentação e contagiar positivamente as dezenas, centenas ou milhares de pessoas que estiverem prestes a te ouvir.

Para ter uma alta performance no palco, cheia de entusiasmo, você deve ter seu propósito de vida claro, sabendo que, ao entrar no palco, irá criar um impacto positivo na vida das pessoas.

Parece simples, mas quando você se lembra do porquê de estar dividindo aquele conteúdo, você se enche de entusiasmo, que nada mais é que "ter Deus dentro de si".

Antes de entrar em cena, você sempre irá avaliar a melhor maneira de servir os outros. Você deve estar consciente para o fato de que a sua performance vai mudar, dependendo do estado em que etiver ao entrar no palco. Por isso tem que estar presente de corpo e alma quando estiver se comunicando com as outras pessoas.

É impressionante a diferença, quando vemos um palestrante que está ali, dando a palestra como se fosse a primeira e a última de sua vida e quando vemos alguém desperdiçando a oportunidade de impactar.

Não existe alta performance sem presença e entusiasmo. E aqui vale lembrar que o corpo é o nosso veículo, e por isso, como já dissemos aqui, você deve cuidar dele. Cuidar do corpo, do sono, da alimentação, para a manutenção da energia diária.

Quando você entra em cena cheio de entusiasmo, a sua capacidade de influenciar as pessoas para o bem comum aumenta exponencialmente.

Mas, Rodrigo, será que dá para criar entusiasmo?

Na verdade, podemos acionar o entusiasmo dentro de nós, da mesma maneira que ligamos uma lâmpada pelo interruptor.

Já percebeu que quando uma pessoa está energizada ela consegue influenciar as demais só com a maneira como fala sobre as coisas?

Pode perceber como esse mesmo entusiasmo é responsável por criar uma onda de entusiasmo nas demais pessoas que pareciam absolutamente apagadas. Essa transferência e doação de energia consciente triplica o poder de qualquer interação.

Isso faz com que a pessoa tenha um alto poder de persuasão, porque quando ela está entusiasmada, ela é capaz de transmitir as emoções para outras pessoas, como se as tocasse com sua simples presença.

Mantenha-se focado no seu objetivo de transformar as pessoas que estarão diante da sua presença e não perca nenhuma oportunidade de criar momentos em que você se enche de entusiasmo para recarregar a bateria. É essencial se cercar de pessoas que estejam na mesma frequência que você, prontas para transformar. Desta forma, quando uma turma está na mesma sintonia, é como se houvesse uma combustão de energia.

No meu grupo Power Mind, com as pessoas que acompanho através de uma mentoria, procuro sempre inspirá-las e levá-las para um outro nível, através de uma interação constante e viagens onde possam se revigorar com conteúdo de qualidade, troca de conhecimento e conexão real, com experiências em locais energizados e transformadores.

É importante que você encontre a sua maneira de manter vivo o seu entusiasmo, buscando lugares onde possa se reabastecer e afirmar o seu propósito sem medo. É vital que, para subir ao palco, você consiga se manter firme, confiante e pronto para fazer com que muitas pessoas tenham seu ponto de virada.

Com dedicação e disciplina, você se mantém num estado que pode beneficiar não apenas a si mesmo, como milhares de pessoas que terão acesso ao seu conteúdo.

Eu, Rodrigo Ubiratan Cardoso, garanto que vale a pena. O resultado de ver as pessoas energizadas com a sua presença compensa qualquer esforço. Convido você a seguir comigo nessa jornada, aprendendo agora as posturas poderosas que farão toda a diferença na sua energia.

POSTURAS PODEROSAS DE UM POWER TRAINER

Desde épocas antigas, posturas corporais expansivas são maneiras conhecidas de alguém se impor. Uma boa postura corporal pode refletir seu estado de espírito. Todo mundo sabe quando alguém está triste, fica com os ombros caídos e encolhidos, querendo se esconder da vida. Ao mesmo tempo, é inevitável que pessoas com posturas corporais harmoniosas despertem nossa atenção.

Quando mudamos nossa postura, preparamos nossos sistemas mentais e psicológicos para enfrentarmos desafios. Isso, de certa forma, aumenta nossa confiança. O efeito poderoso das posturas pode ser explicado pela neuroendocrinologia, que é a ciência que estuda a relação entre os sistemas nervoso e endócrino.

O que acontece de verdade é que a conexão começa com a percepção física do corpo no espaço. Ou seja: rapidamente, mudando sua postura, que parece algo simples, e é, você já tem o efeito no sistema hormonal.

Sabe-se há muito tempo que existe uma relação forte entre o corpo, emoções, cognição e comportamentos.

A neurociência já dispõe de pesquisas fundamentadas relacionadas ao assunto, existe uma parcela significativa de neurocientistas que defende que a mudança interior pode acontecer, quando a pessoa chega a uma organização melhor do corpo de forma consciente e, sendo assim, consegue ter mais impacto emocional diante da vida.

Numa apresentação, sua expressão corporal dirá mais que as suas palavras. Além de transmitir confiança, ela te fará sentir-se mais confiante. Pode apostar!

É importante começar a apresentação imaginando uma linha invisível subindo do alto de sua cabeça e deixando sua postura ereta. Esta é uma postura elegante e sutil que vai fazer com que você ganhe confiança.

Caso seus ombros fiquem caídos e o queixo muito baixo, você passará uma impressão de insegurança, já se os ombros ficarem muito para trás e os peitos abertos, a sensação será de arrogância.

A postura ideal é um meio-termo entre uma e outra posição. É uma posição que transmite firmeza, segurança e ao mesmo tempo não demonstra prepotência e sim carisma. Um sorriso sempre vai ajudar.

Os braços podem ficar soltos ao longo do corpo, os pés virados para frente, pernas levemente abertas, seguindo a largura dos ombros. Caso uma das mãos esteja segurando o microfone, a outra deve ficar solta ao longo do corpo, permitindo que os gestos fluam naturalmente.

Assim como é um erro colocar o peso em uma perna só, é ruim ficar de um lado para o outro, balançando o corpo, numa postura que reflete insegurança.

Já vi muitos iniciantes esfregando as mãos uma na outra, inseguros. Eu mesmo já fiz muito isso no começo.

Também já presenciei inúmeras vezes os iniciantes com a mão no bolso, sem tirá-la. Não é proibido colocar a mão no bolso, como pregam em muitos cursos de oratória. Proibido é colocar a mão lá e nunca mais tirar!

Aqueles que colocam as duas mãos na cintura apresentando a famosa posição de xícara também precisam prestar atenção, é uma postura arrogante e deselegante.

E se você é adepto do braço cruzado, saiba que está fora de cogitação fazer isso no palco. Ele transmite a sensação de fechamento e não gera nenhuma conexão com a plateia. Exceto quando você está momentaneamente representando um papel, como num teatro. Nesse caso, ao contar uma história e entrar no personagem que você está descrevendo, qualquer postura é aceita, se ela estiver congruente com o pensamento e emoção do dito personagem.

Ao mesmo tempo que devemos prestar atenção às mãos, devemos ter o cuidado com a expressão facial. Lembra daquele entusiasmo do qual falamos? Então: ele também deve estar presente na sua expressão de forma leve.

Lembre-se de que seu corpo precisa transmitir confiança e alegria por estar compartilhando aquele momento com a sua audiência. Seu olhar reflete seu estado interior muito mais do que você pode imaginar e se você estiver sentindo gratidão e realização por estar cumprindo a sua missão e contribuindo para que a vida de cada pessoa ali possa ser melhor depois de você, tudo isso irá transparecer em seu rosto.

Eu fui aprendendo cada uma destas técnicas à medida que fui ganhando experiência e também aprendendo que a expressão deve ser condizente com a indagação que fazemos. Se começo uma apresentação com uma pergunta, minha expressão deve refletir uma curiosidade.

Anote: durante seu treinamento, sua expressão facial deve refletir seu estado emocional conforme o assunto abordado.

Outra coisa que aprendi, conforme fui avançando nos treinamentos, é que o posicionamento no palco é extremamente importante para um Power Trainer. No início da apresentação, o ideal é se posicionar no centro, com uma postura elegante, que demonstre segurança e autoconfiança. Se caminhar pelo palco, caminhe com firmeza e naturalidade, lembrando sempre de respirar e concluir as falas antes de iniciar uma nova caminhada.

Na prática, divido a plateia em quadrantes imaginários e procuro olhar para cada um deles. Olho, caminho, falando, paro, concluo a fala. Olho para um outro quadrante e caminho em direção a ele, repetindo o processo. Todos se sentem acolhidos.

Ao longo do tempo, senti que caminhar em direção à área da plateia para a qual você acabou de olhar também faz com que as pessoas se sintam acolhidas. Da mesma forma, quando se aproximar da ponta do palco, o público se sentirá mais próximo de você.

Um recurso poderoso é descer do palco para chamar a máxima atenção da plateia. Isso traz intimidade e serve para fazer uma intervenção. Mas, lembre-se: se o evento for com mais de mil pessoas, utilize esse recurso apenas se tiver uma transmissão simultânea de filmagem, onde as pessoas possam acompanhar seu movimento pelo telão.

Nada de andar demais e de um lado para o outro ou ficar parado muito tempo. Embora eu conheça palestrantes profissionais que são muito bons e conduzem sua apresentação parados atrás de um púlpito – já vi alguns de muita autoridade dando palestras sentados – eu não aconselho a um Power Trainer que quer causar impacto e transformação. Um Power Trainer costuma dar show e encantar sua plateia.

Se estamos falando de encantar, o olhar é fundamental nesse processo. Muitos me perguntam para onde devem olhar quando sobem ao palco, especialmente porque um encontro de olhares entre um palestrante e sua plateia é o ponto que os une indubitavelmente. No início, ouvia instruções de que deveria imaginar uma linha no horizonte ao fundo da plateia e olhar acima desta linha. Diziam que aquilo faria com que o nervosismo acabasse. Com meus mais de vinte anos de experiência, posso garantir que isso não funciona. Mais atrapalha do que ajuda, inclusive. O que funciona é o mapeamento consciente e cuidadoso do seu espaço e do seu público.

Como disse acima, o que eu faço e recomendo que um Power Trainer faça também é imaginar a plateia dividida em quatro quadrantes e elencar uma pessoa de cada quadrante para fixar o olhar nela. Desta forma, as pessoas daquele quadrante se sentirão acolhidas com o seu olhar, é como se você estivesse olhando para elas também.

Não se esqueça, em hipótese alguma, do mezanino, quando o local que você estiver falando for composto por dois andares.

Naquele evento organizado pelo Pierre Schurmann, fui escalado para fazer o fechamento. Eram cinco palestras e a minha seria a última. Eu e cerca de 500 pessoas que estavam no mezanino assistindo aos palestrantes anteriores não nos sentimos acolhidos em nenhum momento. A sensação era de não estar na plateia, como as outras 1500 na plateia inferior. É como se estivéssemos dissociados.

Aquela experiência foi marcante porque nenhum dos palestrantes que falou antes de mim lembrou de olhar para o mezanino ou falar com quem estava lá. Em qualquer dinâmica proposta por eles, só participavam os que estavam na plateia inferior. Todos do mezanino ficavam sentados como se não existissem. Aquilo me chamou atenção. Foi um grande aprendizado.

Aprendi na pele, com conhecimento de causa, o que sente uma pessoa num mezanino. Em teoria, um pouco excluída. Sem ser notada pelos palestrantes. Quando subi ao palco, inclui as pessoas do mezanino imediatamente na minha apresentação, olhei para elas! Convidei-as para ficarem em pé junto com os demais da plateia inferior. Isso fez toda a diferença. Pela primeira vez no evento, todo eles se sentiram parte.

É sempre bom ficar atento ao número de pessoas que possam estar se sentindo excluídas da sua apresentação, mesmo estando te assistindo.

Uma das dúvidas mais comuns que vejo nos meus treinamentos é a seguinte:

"Devo olhar para a pessoa que está sorrindo ou para a pessoa fechada?"

Minha resposta é a seguinte: se você olhar para a que está sorrindo e só olhar para ela, isso pode ser intimidador e fazê-la refém do seu olhar. Por outro lado, se encontrar uma pessoa fechada com braços cruzados e negativa, aquilo também é ruim, porque aquela pessoa pode drenar toda sua energia – ou seja – mina sua confiança.

É um desafio encontrar uma pessoa assim na plateia? Sem dúvida! Já tive até pessoas no começo da minha carreira que abriam o jornal na última fileira e começavam a ler. Chamar a atenção dessas pessoas é um erro grave que vou explicar mais adiante. Minha artimanha é criar dinâmicas que possam mudar o estado emocional da plateia e envolvê-la com o grupo.

Quando isso acontece, eu digo para mim mesmo: "até o final você vai estar comigo. Vou ganhar você". E essa pessoa passa a ser minha grande motivação. Ao invés de me afastar, busco aproximação de modo discreto e elegante.

Muitas vezes, faço perguntas cuja resposta é universalmente positiva. Quando perguntamos "sua família é importante para você?", por exemplo, inevitavelmente a plateia irá afirmar com a cabeça.

Muitas pessoas começam fechadas e vão se soltando, até terminar a palestra sorrindo e batendo palmas.

Se você ainda é um bebê ou criança trainer, recomendo que evite essas pessoas, para não drenar sua energia, concentre-se em quem estiver com você, sorrindo e concordando. Mas se você já tem experiência, tenha essas pessoas como um desafio pessoal. Elas devem motivá-lo! Saiba que até o final você as terá conquistado.

O seu corpo fala, então, assim como você deve treinar o seu conteúdo, deve entender que as suas expressões e posturas podem te sabotar ou jogar a seu favor. É você quem escolhe o resultado e, se realmente quer impactar o seu público, aconselho dar atenção e foco a todos os detalhes que podem fazer uma diferença gritante no resultado da sua apresentação. É esse conteúdo sutil e avançado que você está prestes a aprender agora.

DETALHES QUE FAZEM A DIFERENÇA

A diferença de um Power Trainer para um palestrante pode estar nos detalhes. O Power Trainer está atento aos detalhes e não os ignora, porque detalhes podem fazer diferença no todo.

Começar uma palestra é um grande desafio, porque alguns, principalmente no início da carreira, não sabem que palavras usar para cumprimentar a plateia. Para estes eu digo: nunca agradeça a presença das pessoas antes de começar a palestra. Parabenize-as por estarem ali naquele momento, valorizando-as por terem tido a iniciativa sagrada de darem um passo rumo ao desenvolvimento pessoal.

Quando você parabeniza seu público, você o reconhece e ao mesmo tempo, reconhece a sua própria presença no evento, reforça sua postura e a importância que sua mensagem terá na vida deles. Indiretamente, sem arrogância, você valoriza seu conteúdo e o seu tempo.

A pessoa que ouve "parabéns por ter vindo, você poderia estar em qualquer lugar, mas está aqui hoje, agora, isso mostra o quanto você está buscando evoluir. Conta com o meu melhor essa noite", se sente reconhecida de imediato.

Concorda comigo que é diferente de ela escutar "obrigado por você ter vindo"? Essa frase daria a ideia de que se ela não estivesse ali, não haveria evento.

Dependendo do tom de voz com que se agradece no começo da palestra, pode-se perder completamente a postura e demonstrar que na realidade você precisa deles mais do que eles precisam do que você irá transmitir. Toda plateia precisa entender que o que você vai ensinar tem muito valor. O mais importante é que você esteja realmente seguro disso, para expressar com clareza que tem algo valioso que irá agregar na vida deles de maneira única.

Algumas pessoas me perguntam se devem pedir desculpas por eventuais atrasos ou outras intercorrências que possam acontecer antes do evento. Eu costumo dizer que é para evitar, a não ser que seja totalmente necessário. Quando pedimos desculpas, chamamos atenção para um problema que muitos não tinham sequer percebido.

Sempre trato os desafios no "um a um", ou diretamente com a minha equipe. Caso seja algo que realmente atinja a todos e que tenha interferido no andamento do treinamento, de forma que todos se manifestaram, vale pontuar e se desculpar, mas de modo seguro e rápido.

Vale lembrar também de algumas palavras-chave que poderão te ajudar a criar uma linguagem hipnótica. O uso da palavra "talvez" é uma delas. Quando você usa o "talvez" você pode acessar todo mundo. Falar: *"talvez sim, talvez não"*, conecta com todos!

Caso você esteja acostumado a dizer: "você está se perguntando se o seu tempo vai valer a pena", quem não estava se perguntando nada se desconecta. E tudo o que você quer é manter o rapport, a conexão com todos. Se você passar a dizer: "talvez você esteja se perguntando: será que vai valer a pena meu tempo?", você passa a acolher todo mundo. O uso do "talvez" é poderoso. Pois quem estava se perguntando se conecta e quem não estava não se desconecta de você!

Então complete... "Eu prometo a você dar 110% da minha energia para fazer seu tempo valer a pena". Essa é uma boa forma de começar uma apresentação com postura e segurança.

Se você já confia o suficiente que seu conteúdo vai valer a pena, dê essa garantia para a sua plateia da seguinte forma: "eu prometo que seu tempo vai valer a pena porque o que eu tenho para te transmitir aqui vai fazer uma enorme diferença na sua vida".

Dependendo do estágio em que você estiver como trainer, você ainda pode ir mais longe dizendo "eu sei onde eu vou te levar... Você não sabe ainda, mas eu sei... A única coisa que eu peço a você é para se entregar, abrir seu coração e aproveitar ao máximo o nosso encontro, aqui e agora".

Você inicia as perguntas de conexão que eu já ensinei e estas perguntas de conexão são perguntas para você começar a criar rapport com a sua plateia. A medida que você levanta a mão e eles levantam a mão também, você vai mostrando que tem domínio e segurança do que está prestes a dizer.

É importante também saber identificar a diferença do "você" para o "vocês". Quando você quer atingir a plateia e quer dizer alguma coisa sem que a pessoa sinta que é com ela, você usa o "vocês".

Exemplo: "vocês imaginam pessoas que estão passando por dificuldades e não conseguem reverter essa situação?". Quando você utiliza o "vocês", as pessoas têm a sensação de que você está falando com os outros e não com ela.

No entanto, quando você quer atingir a pessoa, no alvo, experimente usar o "você". Você pode estar falando com 10 mil pessoas e usa o "você". Via de regra, eu, Rodrigo, costumo usar muito o "você", falando com 100, 200 ou com 10 mil pessoas que sejam. Eu falo: "você conhece alguém que está numa situação difícil e não vê nenhum tipo de saída? Por acaso, você se identifica com pessoas que sentem medos e esses medos vêm travando sua vida?". O uso do "você" ao invés do "vocês", faz a sua fala ser muito mais impactante e transformadora.

Essas são apenas algumas das inúmeras PPPs (Posturas Primordiais de um Powertrainer) que eu ensino no treinamento presencial.

Ainda nesta obra você vai aprender comigo o grande segredo que é como estruturar uma Power Palestra de uma forma genial, que mantenha a conexão e atenção de todos e que ainda gere a transformação que você deseja. É o que eu chamo de Power Estrutura. E você vai aprender daqui a pouco como criar a sua!

Talvez você tenha muito conteúdo e seja um especialista, talvez você seja um generalista, um humorista ou um artista e você não sabe como criar uma palestra ou um treinamento com começo, meio e fim de forma eficiente. Eu prometo que você vai aprender exatamente o passo a passo de como criar sua Power Estrutura. Mas antes é preciso entender que você sempre vai ganhar uma batalha no palco, você é autoridade. Mas a pergunta é: valerá a pena?

GANHAR A BATALHA
×
PERDER A GUERRA

Esse aprendizado me custou caro. No começo da minha carreira, eu vendia cursos de Leitura Dinâmica e Memorização. Numa determinada palestra, havia dois alunos no fundinho do auditório que estavam realmente incomodando a todos.

Eu parei a apresentação e gentilmente chamei a atenção dos dois, dizendo que a liberdade deles terminava quando começava a dos outros e que eles estavam atrapalhando o andamento da palestra. Naquele momento, ganhei a batalha e fui aplaudido. Mas não demorou para eu perceber que tinha perdido a guerra!

No palco, você sempre ganha a batalha, já que lá, você é autoridade, porém, dependendo da situação, você pode perder a guerra. Adivinha o que aconteceu no final? Para minha surpresa, naquela noite, zerei minhas vendas. Por mais que tenha ganhado a batalha, perdi a guerra. As pessoas podem até, aparentemente, ficar do seu lado, mas elas fazem parte do "time da plateia" e também tomarão as dores dos seus.

Hoje, com a experiência que tenho, prefiro utilizar do poder do rapport: acompanhar e conduzir. Eu teria parabenizado os alunos do fundo, perguntando seus nomes, me aproximando deles. Buscando algo em que pudesse elogiá-los. Talvez reconheceria a coragem deles estarem manifestando suas opiniões de forma tão espontânea a ponto de todos estarem percebendo. Pediria, quem sabe, uma salva de palmas para eles. E faria com que eles se sentissem verdadeiramente acolhidos. Isso é acompanhar. Depois começaria a condução. Ou seja, os traria para mim, agradecendo a presença deles e perguntando se eles me dariam a chance de continuar sem atrapalhar os colegas do lado.

Foram necessários alguns anos para que eu aprendesse que não vale a pena vencer a batalha e perder a guerra!

Você está sempre sendo avaliado. Portanto, quando se referir a alguém da equipe técnica, também seja educado e cauteloso.

A sua credibilidade será construída nos bastidores e as pessoas observarão seu modo de agir e não apenas o que você fala para elas. De nada adianta reforçar a importância do controle emocional no palco e no momento seguinte dar bronca desconcertante num técnico de som ou em alguém da equipe.

Muitos profissionais já perderam a admiração de toda uma plateia por causa disso. Já vi muitos palestrantes renomados perderem grandes clientes por conta desse deslize que não passa despercebido.

Só que nem tudo são flores quando estamos numa apresentação. E você já deve ter ouvido falar do termo "homem-bomba". Meu amigo Edilson Lopes, dono da KLA, maior empresa de eventos corporativos abertos ao público do Brasil, se refere a uma pessoa que está pronta para acabar com você no palco como "homem-bomba".

O homem-homba geralmente quer satisfazer a própria vontade de chamar a atenção para expressar sua opinião. Parabenize-o por isso e quebre o estado dele com perguntas, como é o nome dele, ou peça para a plateia aplaudi-lo por expressar seu ponto de vista.

Uma outra maneira de lidar com este tipo de pessoa é agradecendo sua participação. Sugira que pode falar com ela individualmente ao final do evento e bola para frente.

As pessoas perceberão que você está sendo educado e habilmente inteligente e ficarão ao seu lado, pois se sentirão confortáveis. Você ganha a batalha e a guerra.

Em palestras com duração entre uma e duas horas, não se abre espaço para perguntas. Além de um tempo limitado, você pode se deparar com a figura do tal homem-bomba e provavelmente não terá tempo de reverter o constrangimento que será gerado por ele.

Já em treinamentos, você deve tomar o cuidado de não entregar o microfone para um aluno, especialmente se for logo no início.

Por isso, é sempre bom ter alguém da sua equipe ou você mesmo segurando o microfone. Se tiver que fazer isso, especifique claramente a regra de tempo.

Quando uma pessoa da plateia nitidamente tenta denegrir o evento, o treinador deve entrar em rapport como expliquei anteriormente. Caso você confronte a pessoa mal-intencionada, vai ganhar a batalha e perder a guerra.

Enquanto uns têm medo do homem-bomba antes de entrar em cena, outros têm do microfone. Mesmo que tenha uma utilidade incontestável, ele é visto por muitos oradores como um inimigo. Conheço pessoas com verdadeiro pânico de microfone.

Se você realmente deseja entrar para o mundo dos Power Trainers de sucesso, deve reconhecer o microfone como seu grande aliado.

Embora a maioria dos trainers utilizem o headset, o microfone de cabeça, o microfone de mão não está em desuso. Quando utilizá-lo, sempre segure a uma distância de 2 a 3 dedos abaixo da linha do queixo, para liberar sua expressão facial.

Microfones muito próximos da boca escondem seu rosto e dificultam o entendimento e a conexão com a plateia. Por outro lado, a uma distância muito grande da boca, inevitavelmente vão gerar microfonia.

Lembre-se de sempre falar na direção da captação do microfone.

Independentemente do tipo de microfone, sempre passe o som com o técnico antes do evento para resolver eventuais problemas a tempo de fazer uma ótima apresentação. Se estiver precisando saber se está sendo ouvido, peça ajuda à plateia, que sempre está disposta a colaborar.

Aliás, por falar em ajuda, quando precisar de um voluntário, o modo de pedir essa colaboração pode ser a grande diferença entre alguns se candidatarem e ninguém. Para garantir o sucesso do pedido, escolha sempre o termo "alguém" ao invés de "quem".

Como o "quem" é mais direto, pode dar a sensação de intimidação e deixar a plateia tímida para levantar a mão. O "alguém" dá uma sensação de que qualquer um poderia levantar a mão e faz com que várias pessoas se candidatem. Isso não se ensina em cursos sobre falar em público. São aprendizados práticos. São os detalhes que fazem a diferença.

Assim como acontece numa Power Palestra, sempre deixamos o melhor para o final. Isso significa que está chegando a hora de você aprender, finalmente, como criar uma Power Apresentação, passo a passo.

Você deve estar ansioso pelo próximo passo e por entrar em cena, certo? Sugiro que leia as próximas páginas com uma caneta grifa-texto em mãos para anotar os pontos importantes. Te vejo no palco!

PREPARANDO SUA POWER APRESENTAÇÃO

A maneira mais eficiente e rápida de se tornar um Power Trainer Ultrapassador de Limites, com resultados financeiros e muitos depoimentos de alunos transformados é estando pronto. E, para isso, você precisa se preparar!

A preparação inclui vários aspectos: preparação física, mental, espiritual, de conteúdo, aparência e a estruturação propriamente dita.

PREPARAÇÃO FÍSICA

Um Power Trainer precisa do corpo para se apresentar, certo? Mas ninguém fala sobre isso. Se estamos falando de um treinador de alto impacto como um Power Trainer, ele precisa saber que a preparação física é primordial. Lembra que falamos da energia?

Conforme você viu, minha jornada teve altos e baixos e em mais de duas décadas como Power Trainer, obviamente tive meus dias de baixa energia. Sou humano, isso aconteceu comigo algumas vezes.

Provavelmente, isso também acontecerá com você. Sempre procuro aprender com as experiências. Hoje sei o que rouba a minha energia. Um dos ladrões, sem dúvida é o excesso de comida e eu sei que não devo encher a barriga antes de uma apresentação. Além disso, um outro fator que pode derrubar um Power Trainer é uma rotina intensa combinada com poucas horas de descanso.

Certa vez, eu tinha acabado de terminar um evento em Santa Rosa, cidade natal da Xuxa. Era uma sexta-feira à tarde e tínhamos fretado um avião para nos levar até Curitiba, já que faríamos outro treinamento, in company, num final de semana inteiro, que começaria às 9h do sábado e terminaria as 20h do domingo.

O fato é que enfrentamos um mau tempo e o avião monomotor não poderia decolar. Por isso, alugamos um táxi que nos levou durante toda a noite.

Ao chegar em Curitiba, percebi que o curso começaria em 40 minutos. Eu não estava descansado e entrei no palco exausto. Meu corpo dizia isso. Por mais que utilizasse as mesmas palavras, era nítido que minha energia estava prejudicada.

Apesar de não ter comprometido o treinamento, eu sabia que minha energia não estava recarregada. Percebia isso pela reação da plateia. Entreguei o meu melhor, como sempre faço. Mas sei que seria diferente, se tivéssemos decolado com o aviãozinho e levado poucas horas ao invés da noite toda correndo alguns riscos na estrada, como de fato aconteceu.

Para um Power Trainer, é fundamental cuidar da energia. Eu pratico Yoga, meditação, faço exercícios aeróbicos e atividades que liberam endorfinas.

Aliás, com o tempo, desenvolvi a corrida do ultrapassador. São apenas 20 minutos em velocidades distintas, que levam a energia a mil!

Basta dar um Google em "corrida do ultrapassador" ou procurar no meu canal do youtube. É o vídeo 209 dos 365 vídeos que eu fiz.

Com um exercício de alta intensidade, o metabolismo vai ficar acelerado por horas. Para quem nunca fez, sugiro que não faça a primeira vez antes de uma palestra ou treinamento. É interessante acostumar o corpo antes e, principalmente, dar um tempo entre o treino e sua apresentação, para não ensopar a roupa de suor.

Em relação à alimentação, é vital se alimentar de alimentos ricos em água antes de um treinamento ou palestra. Evitar alimentos pesados como feijoada, por exemplo. Eu sempre dou preferência para frutas e legumes e evito carnes, em especial, as vermelhas.

O desafio está no tempo de digestão. Enquanto as frutas demoram minutos para serem digeridas, a carne leva horas e até dias. O ideal é procurar um nutricionista que adeque sua alimentação conforme suas necessidades e do seu metabolismo. Cuidar do corpo é essencial, porque ele é seu veículo de realização e quando você sobe no palco, você é a referência. Precisa cuidar da energia.

PREPARAÇÃO MENTAL E EMOCIONAL

Você também precisa se preparar mental e emocionalmente. Por isso, fique atento ao que ouve, fala e pensa. As distrações antes de uma palestra também podem colocar tudo a perder. Em tempos de tecnologia à mão, evite celular em redes sociais ou aplicativos pelo menos duas horas antes de começar para não ser impactado por qualquer situação negativa que vá te desestabilizar.

Mesmo que exista um desafio de qualquer ordem, você só poderá resolver depois da palestra, então, concentre-se em sua preparação mental e emocional.

A preparação mental e emocional não consiste em somente evitar distrações. Você pode ser ativo e focar na apresentação. O ideal seria que mentalizasse e visualizasse a apresentação, imaginando um grande sucesso como resultado. Visualize sua plateia recebendo a sua mensagem da forma mais positiva possível e você sendo aplaudido de pé no final. Visualize, sobretudo, você cumprindo a sua missão e transformando a vida de pessoas.

Outra dica importante é manter-se atualizado. Repasse as últimas notícias pela manhã ou na noite anterior. Atentar-se aos acontecimentos pode ser uma boa prática para o início de um treinamento ou palestra. Se criar um conteúdo que tenha acabado de vivenciar em sua vida, é perfeito. Isso traz uma sensação de proximidade, intimidade e faz com que a plateia se sinta atualizada de notícias em primeira mão.

O fato é que as pessoas adoram ter a sensação de que você está contando a elas algo que nunca contou a ninguém. Esteja aberto para tudo que acontecer ao seu redor desde o dia anterior à palestra.

Também pode ser poderoso ouvir uma música que sirva como âncora positiva para você. Sabe aquela música que faz seu estado emocional mudar? Tenha essa música no celular, computador e use para se sentir empoderado. No entanto, tome cuidado para não passar do ponto. Alguns palestrantes chegam descontraídos demais e isso pode ser bom para ganhar o público, mas corre-se o risco de perder a postura e a plateia sofrer uma dispersão. Quando isso acontece, fica difícil trazer o público de volta.

O segredo é encontrar o equilíbrio entre ter energia e demonstrar autoridade e competência. O importante é sempre se preparar mental e emocionalmente e ficar atento ao *feedback* do público. A reação não verbal diz muito sobre se você está ou não no caminho certo.

PREPARAÇÃO ESPIRITUAL

Independentemente de toda e qualquer crença religiosa, ou até mesmo da ausência de uma, quero salientar que, quando sugiro uma preparação espiritual, não estou falando sobre religião, e sim sobre conexão com a sua essência.

Enquanto escrevo este livro, completo 8 anos de prática de Yoga, uma disciplina física e mental tradicional da Índia que recomendo para os amigos, alunos das minhas Formações de Coach UL, Power Trainer UL e meu grupo Power Mind. De todos os tipos, você pode escolher aquele com o qual mais se identifica. Eu pratico Swasthya Yoga, que, além de suas características, trabalha respiração, força física, alongamento e meditação.

Acredito que, quando nos conectamos com algo maior, entendemos por que fazemos o que fazemos e, quando silenciamos a mente, abrimos espaço para a conexão com a essência, propósito e missão.

Encontrar seu jeito, sua prática e seu caminho é fundamental, mas acostume-se a conectar-se com seu lado espiritual. Lembre-se da sua missão, do motivo pelo qual você se tornou um palestrante ou treinador e esteja sempre conectado com Deus. Seja qual for o significado que você dê para Ele.

Sempre antes de entrar numa palestra, fecho os olhos e peço a Deus:

"Senhor, coloque em minha boca as palavras que vão tocar o coração das pessoas". Essa minha conexão leva menos de 10 segundos e funciona muito bem para mim.

Nesse momento, sinto que não estou mais sozinho e a certeza de que tudo vai dar certo começa a me acompanhar. A missão de ser um treinador ou palestrante transcende o plano físico.

Sempre que vou entrar em cena, eu tento me conectar com a energia das pessoas que estarão presentes na plateia. Como cada palestra é absolutamente diferente da outra, mesmo que o conteúdo possa ser exatamente o mesmo, a interação com cada pessoa que está ali presente é o que dá a tônica do dia, porque acho importante não levarmos em conta apenas aquilo que podemos ver, e sim a energia das pessoas. Como elas vieram parar ali? O que estão sentindo? Como estão se sentindo? Imagine que cada grupo traz uma força diferente do outro e procura algo. Antes mesmo de subir ao palco tento fazer esta conexão extrassensorial que possibilita me conectar com aqueles que estiverem ali, de uma maneira única.

Sabemos hoje que a conexão espiritual é estudada no mundo todo. A inteligência espiritual, inclusive, é pauta de estudos nos quatro cantos do mundo e nos mostra que enquanto nos conectamos com as forças invisíveis com as quais acreditamos, nos fortalecemos.

Desta forma, cada palestrante ou treinador pode buscar a sua própria força antes de subir ao palco. Uns o fazem através de orações, outros de meditação, outros de mantras ou rituais, outros simplesmente se conectam com uma energia superior. Não importa qual seja a sua crença, o importante é que você entenda que, quando entra em cena, está amparado por uma força maior que pode fazer com que seu objetivo seja cumprido da melhor maneira possível.

Eu gosto, inclusive, de fazer visualizações que possibilitem criar uma redoma de proteção ao redor do local onde estou palestrando, de forma que todos se sintam bem e acolhidos.

Sugiro que você encontre sua própria conexão espiritual e não negligencie isso. Nunca vá para uma palestra ou treinamento simplesmente com a missão de passar um conteúdo, esquecendo-se do maior propósito que é a transformação e fazer a diferença na vida das pessoas que estarão ali.

PREPARAÇÃO DE CONTEÚDO

Esteja sempre atento ao briefing, principalmente se for fazer uma palestra corporativa. Reunião de briefing é um encontro entre você e o seu contratante ou responsável pelo evento. O objetivo é que você possa colher o máximo de informações possíveis sobre o seu público, a mensagem que deverá ser passada, o local, entre outros detalhes.

O fato é: nunca, jamais, vá a uma palestra sem antes ter feito essa reunião com o contratante sobre os objetivos da sua apresentação. Faça um checklist sobre tudo que você precisa transmitir durante sua palestra.

Sendo assim, faça perguntas sobre o cenário, o contexto e os objetivos, pergunte ao cliente qual o principal objetivo e a mensagem que ele gostaria que as pessoas absorvessem ao término da sua palestra.

Pergunte detalhadamente sobre o perfil do público, descubra se estarão presentes todos os colaboradores da empresa ou se apenas o departamento comercial ou operacional. Saiba se o estratégico, os diretores e a presidência estarão presentes.

É imprescindível alinhar sua mensagem com os valores da empresa e isso quer dizer que você deve evitar surpresas porque pode acabar sendo surpreendido. Se quiser fazer alguma dinâmica, valide com o seu contratante. Não adianta ser aplaudido em pé, se a sua palestra não atender ao briefing. Não haverá uma segunda chance.

A melhor palestra é aquela que emociona, transforma e gera novos negócios para você. Um dos melhores elogios que recebo é quando o cliente fala que parece que trabalho na empresa dele há anos, e isso acontece porque pergunto sobre o dia a dia dos funcionários. O fato é que um erro cometido, uma fala desalinhada com o objetivo ou uma troca significativa de vocabulário pode comprometer a sua imagem. Usar o termo de uma empresa em outra concorrente poderia ser fatal para qualquer treinador ou palestrante.

Muitas vezes, ao receber uma consulta e antes mesmo de enviar uma proposta, meu assessor envia perguntas de pré-briefing que demonstram seriedade e interesse profundo no cliente.

Mesmo que alguns clientes queiram receber a proposta para escolher por preço e não por qualidade, enviamos a proposta também, deixando sempre claro que a palestra é personalizada e que, caso venham a contratar, precisaremos de uma reunião de briefing antecipada.

Se você gostaria de ter esse checklist e conhecer as perguntas que faço, boas notícias: vou entregá-las agora!

Vamos lá:

Sobre o evento:
- Data;
- O encontro tem título ou tema?
- Quais são os objetivos específicos para a palestra?
- Qual o propósito específico do encontro (premiação, convenção anual, etc.)?
- Qual é o budget (verba disponível) para o cachê do palestrante?
- Algum tema, empresa ou nome que deve ser evitado?
- Algum outro palestrante vai se apresentar durante o encontro?
- Em qual cidade será o evento?

Sobre o público

- Quantas pessoas são previstas?
- Média de idade do público e perfil hierárquico?
- O que eles esperam da palestra?
- Quais os problemas e dificuldades que vocês enfrentam?
- Qual o cargo dos executivos mais importantes presentes na plateia?
- Com que sentimento a empresa quer que os participantes saiam do evento?

Sobre a empresa

- Conte-me sobre sua organização, missão, visão e valores;
- Conte-me sobre seus clientes potenciais;
- Desafios enfrentados atualmente;
- Qual a situação do clima organizacional?
- Observações gerais que considera importantes.

Adequar o conteúdo com a necessidade do seu cliente é fundamental e pode fazer toda a diferença no resultado do seu trabalho.

Para finalizar, sobre esse tema, lembre-se de, algumas horas antes de começar, revisar seus slides e ficar atento aos equipamentos. É muito importante ter tempo de testar um a um antes da sua apresentação. Tenha em mãos, com detalhes, o nome do responsável do evento.

Por fim, não se esqueça: chegue sempre com antecedência de uma a duas horas.

Se a primeira impressão é a que fica, também esteja atento ao dress code do ambiente. O ideal é vestir-se de acordo com o ambiente. Tenha bom senso e saiba que o impacto que a sua imagem vai gerar, causará uma primeira impressão a seu respeito. Use isso a seu favor. A forma como você irá se vestir é a primeira informação que você passa sobre quem você é. É importante criar uma conexão coerente com a plateia.

PREPARAÇÃO DA APRESENTAÇÃO

Eu acredito que cada palestrante tenha seu estilo pessoal, embora seja bem comum, quando estamos começando, que se tenha um modelo. Modelagem é o caminho mais rápido para se alcançar a excelência e performance dos grandes treinadores. Se este for o seu caso, sugiro que eleja de 3 a 5 palestrantes ou treinadores que você admira e com quem se identifica.

No começo da minha carreira, eu prestava atenção não somente no conteúdo de cada palestrante, mas principalmente em como eles falavam. Nos gestos, na fisiologia, no tom de voz e no jeito de caminhar pelo palco.

É como se fosse um molde de gesso. Você vai modelar. No começo, você estará bastante parecido com aquele palestrante ou treinador que admira, mas à medida que você vai ganhando experiência, vai criando seu próprio estilo.

Eu particularmente escolhi como modelo principal o Tony Robbins que é, na minha opinião, um dos melhores, senão o melhor treinador do planeta.

Os meus primeiros treinamentos eram muito parecidos com os do Tony. Eu praticamente não utilizava slides, apenas um flip chart. Mas, à medida que fui evoluindo, fui percebendo o poder dos slides. Atualmente, com a tecnologia do PowerPoint, Keynote ou outros programas de apresentação de slides, é possível você criar um verdadeiro show.

Outro diferencial que construí ao longo de minha carreira é que fui um dos primeiros treinadores do país a trabalhar com DJ lado a lado durante minhas apresentações. E sou um dos poucos que ainda hoje mantém esse diferencial.

É claro que você não precisa ter um DJ. No meu caso, ele começou como técnico de som, sempre garantindo uma boa qualidade e me deixando mais tranquilo em relação a esse importante detalhe.

Quando fazemos a apresentação com paixão, cuidando de cada detalhe, explorando os benefícios de uma excelente apresentação, sem economizar nos recursos, a qualidade é excepcional.

Estar atento ao que os outros estão fazendo também é importante para ter um cuidado com o tipo de material utilizado. Vários palestrantes utilizam o mesmo vídeo, as mesmas dinâmicas e as mesmas metáforas. E o pior de tudo, isso já aconteceu no mesmo evento. Um seguido do outro!

Quando for utilizar vídeos em suas palestras, procure vídeos curtos, o ideal é que tenham menos de cinco minutos de duração. Já nos treinamentos, você pode abusar um pouco do tempo, dependendo do contexto e da dinâmica que vai aplicar. O tempo ideal de um vídeo é de 1 a 3 minutos. Mais do que cinco minutos pode desconectar da sua audiência.

Já assisti e você também deve ter assistido a palestras de renomados palestrantes que pareciam colchas de retalhos feitas de diferentes temas e vídeos.

O ideal é que você crie os próprios vídeos e evite usar o mesmo vídeo que um outro palestrante usou.

Meu amigo e Power Trainer, o Maurício Louzada, por exemplo, que fala sobre a experiência de ter se perdido numa caverna, é um palestrante profissional de agenda lotada e há muitos anos vive desta profissão. Seu tema é sempre o mesmo e cativa a plateia. No final, ele usa um vídeo específico que combina com a mensagem maravilhosa que está passando.

Um vídeo único, que não se encontra na internet. Ele teve esse cuidado. Tive a honra de ter sua presença na plateia da primeira edição da minha Formação do Power Trainer UL e aproveitei sua presença como aluno e pedi que mostrasse esse vídeo para todos nós. No vídeo, um senhor abdica da vitória de uma competição de ciclismo para ajudar as outras pessoas a não desistirem da subida final. Além de original, é seguido com a voz dele ao fundo, trazendo uma descrição impecável e causando uma emoção incrível para seu Grande Final.

Hoje, mesmo com um departamento de marketing e um designer para me auxiliar, sempre gosto de elaborar meus slides. Olhando para a minha trajetória, consigo perceber a evolução nos slides e como a qualidade só vem melhorando com o passar dos anos e experiência.

Para criar slides, é importante evitar textos longos, explorar as imagens para reforçar a memória visual da plateia, evitar cores fortes nos fundos para não cansar a vista, evitar também as cores claras que dificultam a visualização e é imprescindível testar os vídeos incorporados à apresentação antes de entrar em cena. Existem cursos sobre a criação dos slides e o tempo e o trabalho para montar apresentações de alto impacto podem e devem ser delegados, dependendo do estágio em que você se encontra de sua carreira.

Agora que você conheceu a preparação, passo a passo, chegou o momento que vai separar os homens dos meninos. Você vai ser apresentado a um grande segredo, aos bastidores, de como criar uma Power Estrutura! Espero que esteja tão entusiasmado para ler, como eu estou para escrever! Tudo começa com a Abertura. É o primeiro contato que você tem com sua plateia e eles com você.

POWER
ESTRUTURA

ABERTURA

Até aqui, você sabe se preparar para uma apresentação, entendeu as premissas básicas para ser um treinador, já deve ter uma ideia do seu tema, do seu perfil, estágio e poderá começar a estruturar sua palestra.

Se você não sabe nem como começar a entrar em cena e existem barreiras que o impedem a entrar no palco, por exemplo, quero dizer que você deve obedecer a si mesmo e buscar um estilo próprio. Lembra que falamos que autenticidade é o nome do jogo? Pois é.

Existem cursos de oratória que querem engessar você e falam para você entrar no palco de determinada maneira. Eu, Rodrigo, assisti a um curso em que o professor disse que "quem entra correndo não é um treinador de verdade". Eu entro correndo, o Tony Robbins entra correndo, portanto, se alguém falar para mim que o Tony Robbins, que eu considero o melhor treinador do mundo, não é um treinador de verdade, me perdoe, mas eu não posso concordar com isso.

Então, com a minha experiência de duas décadas, eu posso te garantir que eu conheço excelentes palestrantes e treinadores profissionais e cada um entra de um jeito. A Leila Navarro por exemplo, é toda despojada e entra dançando, senta no colo das pessoas e ainda coloca o microfone no peito. Tem treinadores que eu conheço que entram em silêncio absoluto, escaneiam a plateia e falam depois. Mas como entrar no palco então? Primeiro de tudo, depende do seu estilo. Se você é uma pessoa altamente especialista, não vai combinar com você entrar correndo. Agora, uma boa dica é: entre, vá para o centro do palco e fique com uma postura ereta.

Eu entro correndo com muita energia e costumo falar "boa tarde, galera!" e eles respondem. Para criar rapport eu falo "olha, como o ensaio tá bom, mas pode melhorar". Também gosto de conectar todo mundo, pedir para as pessoas levantarem e fazer massagens nas pessoas. É como começo 90% das vezes. A maneira como contextualizo, isso é que muda. Quando a palestra é com vendedores, já vou direto à brincadeira: *"pessoal, vamos fazer um relaxamento, mas não é nada zen, nada de 'aoooommmmmmm', é um relaxamento físico parecido com esses dois gatinhos"*, aí eu coloco a foto de um gatinho fazendo massagem no outro, alguém fazendo massagem num bebezinho.

Quando estou diante de uma plateia corporativa e estou lidando com supervisor, gerente ou cargo médio da empresa, eu contextualizo dizendo: "vocês já viram que empresas têm ginástica laboral e por que elas funcionam? Porque elas oxigenam o cérebro". Logo depois, eu sinalizo *"olha, é como se fosse uma ginástica laboral só que mais divertida"*. Quando eu sinto que o toque não vai ser legal, eu simplesmente peço para as pessoas levantarem e espreguiçarem de um lado para o outro ou então cumprimentarem a pessoa que está ao lado.

O mais importante aqui é que cada um vai encontrar seu estilo. Não tem certo, não tem errado... tem o estilo com o qual você se sente confortável.

Existem várias maneiras de se fazer a abertura da sua palestra ou treinamento. E você deve escolher a maneira como quer fazer a sua abertura. Evidentemente, isso tem a ver com o seu estilo, com o objetivo da apresentação e também do público.

Um Power Trainer mais energético tem uma abertura diferente daquele que é mais sereno. O mais importante é se conectar com a sua plateia. Assim que você entrar no palco, sua plateia estará se fazendo 4 perguntas, mesmo que inconscientemente:

1 Essa pessoa é competente?
2 Essa pessoa é confiável?
3 Essa pessoa pode me ajudar?
4 Será que vai valer a pena estar aqui?

Por isso, a abertura é tão importante. É importante mostrar que você tem competência para falar de um assunto devido à sua autoridade e formação, mas deixe para se apresentar de maneira mais profunda durante sua jornada.

ABERTURA COM PIADAS

Em princípio, evite, a menos que sua proposta e seu talento convertam justamente para o humor, que você seja o perfil humorista. Confesso que esse não é o meu caso. Caso contrário, se arriscar e errar, você correrá o risco de perder a sua plateia ou prejudicar bastante sua conexão, já que ainda não teve tempo de entrar em Rapport com ela.

ABERTURA COM METÁFORAS OU CITAÇÕES

Muitos palestrantes usam este modelo e ele pode funcionar bem, especialmente porque se trata de uma história e é muito bom começar contando uma história. No entanto, será que você tem talento para contar? Será que o conteúdo da metáfora está adequado ao seu público? Antes de mais nada, certifique-se de que a história está relacionada com seu "eu". Se ela tiver tudo a ver com quem você é, então vá em frente.

ABERTURA COM RESUMO

Trata-se de um modelo clássico de oratória. Quando você resume sua apresentação e cita alguns tópicos, a plateia se sente confortável porque sabe o que vem pela frente. É um jeito simples, mas funcional, de criar conexão, porque transmite confiança e respeita seu público.

ABERTURA EM SILÊNCIO
SEGUIDO DE PERGUNTA ENVOLVENTE

Um jeito instigante e diferente de começar, que leva talento e destreza, é em profundo silêncio. Já vi treinadores começarem desta maneira. Eles ficam em silêncio e escaneiam a plateia, sorrindo e finalmente fazendo a pergunta envolvente. A pergunta envolvente geralmente mobiliza 100% da plateia.

"Quantos de vocês estão em busca de melhorar suas finanças?"

"Quantos não estão focados nesse assunto no momento?"

O segredo neste tipo de abertura é atingir a todos. Por isso, é sugerida sempre uma abertura no "positivo" e no "negativo". Depois que a plateia responder, vale agradecer para que se sintam valorizados.

POWER ABERTURA

É o tipo de abertura em que você entra com muita energia. Entra com disposição e entusiasmo. Não precisa ser necessariamente correndo, mas demonstra que está com brilho, feliz por estar ali e isso é absolutamente contagiante. Com sorriso no rosto, você cumprimenta a todos.

ROTEIRO DE ABERTURA EM 8 PASSOS

1. Diga seu nome;
2. Diga seu Power Tema;
3. Parabenize a todos pela presença (reconheça a plateia)
4. Responda às perguntas silenciosas com as afirmações:
   a. *Eu prometo que vai valer a pena*
   b. *Estou aqui para te ajudar*
   c. *Estou comprometido em dar o meu melhor. Vou dar 100% de mim*

5   Faça um acordo, criando um rapport, perguntando se você também poderá contar com a participação de cada um deles;

6   Diga o que eles irão ganhar e quais benefícios seu conteúdo irá trazer. Cite alguns (no máximo 3) ou fale sua promessa ou ainda que Power Dor ou Problema você irá ajudar a resolver, de forma breve;

7   Conquiste o direito de falar entrando rapidamente no bloco de autoridade por credibilidade ou por sua jornada. Ou seja, conte o seu porquê, a sua missão de forma breve e resumida;

8   Faça um quebra gelo. Você pode usar uma metáfora, uma dinâmica rápida ou contar uma história de algo que acabou de acontecer.

POWER ESTRUTURAS

Existem 3 estruturas poderosas de palestra que sempre vão funcionar muito bem e você está prestes a aprendê-las.

Se o objetivo for uma palestra corporativa, a **Power Sanduíche** é excelente. Se for uma palestra aberta ao público, você poderá usar a **Power Desejo**, agora, se houver venda no final, a melhor de todas é a que eu chamo de **Power Dor**. Pois somos muito mais movidos para fugir da dor do que buscar prazer!

Além das estruturas de palestras, você também poderá montar treinamentos que duram desde algumas horas até dias. A estruturação de treinamentos deve ser aprendida presencialmente. Mas neste livro você já conseguirá ter uma grande clareza de como seguir adiante.

O Power Trainer UL é um curso baseado nos princípios que você está conhecendo neste livro e seus módulos somados totalizam cinco dias.

Você tem que enfiar a faca,
girar e deixar sangrar...
Não adianta enfiar a faca
e fazer um curativo.

Como é um conteúdo aprofundado dirigido para quem quer ser um treinador de alto impacto, eu disseco cada tópico e ensino a montar um treinamento e a fazer algumas vivências.

A primeira delas, que acabei incorporando ao treinamento com muito sucesso, foi ensinar a fazer o Fire Walk, a famosa caminhada na brasa, quebrar madeira, ensinar a fazer dinâmicas de grupo e a fazer o ciclo da vida, que é uma dinâmica bem forte, onde a gente entende que todos nós temos verões e invernos na vida.

De tudo que criei, o Power Trainer UL é meu curso máximo e onde eu ensino como estruturar sua própria carreira sem esperar o telefone tocar para ser contratado. Como ensinar o que ama e ainda ser muito bem remunerado por isso. Essa é a promessa.

Para isso acontecer e para que o treinador tenha essa habilidade, eu ensino desde a postura no palco até estruturar a palestra de uma maneira que possa ser monetizada. É desta forma que se torna uma carreira altamente lucrativa.

O caminho natural de um aluno meu seria primeiro iniciar pelo Ultrapassando Limites, que é o programa base. São os três dias em que o participante vira um Fire Walker, ele conhece o poder da âncora ("eu posso, eu consigo, eu mereço"), quebra a madeira e sai de lá absolutamente transformado. O segundo passo seria o Conquistando o seu Destino. Esses dois cursos são de desenvolvimento pessoal, de dentro para fora. Neles, você vence seus medos.

Depois que a pessoa se desenvolve, ela está pronta para passar para os cursos de formação, que são os cursos profissionalizantes, se assim ela quiser.

A nossa primeira Formação é a de Coach Ultrapassando Limites.

Na minha opinião, todos os seres humanos deveriam ter um coach. Eu não sei se você sabe, mas o Bill Gates tem um coach, executivos da Google têm coach. Eu tenho um coach.

O coach é um profissional que leva você de um ponto A a um ponto B de forma muito mais rápida e eficaz. Você se lembra da época em que as malas não tinham rodinhas? Imagine carregar, por todo o aeroporto, uma mala de vinte quilos sem rodinha. Em minha opinião, um bom profissional de coach funciona como as rodinhas das malas atuais.

Se você tem a missão de transformar, deve avaliar a possibilidade de ser um coach profissional. Além de mudar a vida das pessoas no um a um, muitas vezes você será convidado, ao descer do palco, para atendimentos personalizados. Se não tiver essa habilidade, estará deixando dinheiro na mesa.

Eu tenho quatro formações de coach e em nenhuma delas eu me senti completo, até que decidi criar a formação de Coach UL.

Qual a diferença do Coach Ultrapassador de Limites para os coaches do mercado?

Talvez a principal seja que menos de 4% dos coaches formados no mercado têm coachees pagantes. Em outras palavras, apenas 4 em cada 100 pessoas que fazem formação de coaching no mercado, no Brasil, conseguem clientes pagantes. Você sabia disso?

Quando nosso aluno termina a formação, ele não é abandonado. Acompanhamos essa pessoa até que ela tenha um coachee pagante. Mesmo os executivos e donos de empresas que nos procuram apenas para melhorar como líderes percebem que só vão se sentir coaches realmente quando forem remunerados e valorizados por isso.

Ensinamos como fazer a venda do processo de coach e os acompanhamos numa mentoria.

Sou muito comprometido com a entrega e, após pesquisas feitas, detectei que 50% das pessoas que fazem coach procuram PNL porque não se sentem completos. Por isso decidi entregar PNL, noções de trainer (muitas delas você está tendo neste livro), e nesta formação de coach.

Resultado deste comprometimento: hoje, mais de 90% dos nossos alunos conseguem clientes pagantes e se sentem coaches de verdade. Não abandonamos os alunos.

Esse é o caminho natural de um aluno Ultrapassador de Limites que deseja criar seus próprios treinamentos e queira transmitir a mesma intensidade de conhecimento e transformação para que as pessoas possam iluminar os próprios caminhos e que você possa acender novos pontos de luz pelo planeta levando sua voz para o mundo.

A coroação deste caminho natural de evolução é se tornar um Power Trainer UL.

POWER JORNADAS

A única regra que você deve seguir é:

"Nunca comece um conteúdo antes de uma jornada".

Por quê? Porque a jornada conecta. Existem várias formas de você contar sua jornada. Vou apresentar para você algumas delas que eu chamo de Power Jornadas: Jornada do Herói, Jornada da Transformação e Jornada do Mentor.

Ao contrário do que muitos dizem sobre o conteúdo ser o mais importante, eu garanto que esse bloco, o da sua Power Jornada, é sem dúvida alguma o mais importante em sua Power Palestra. Uma boa história conecta muito com a plateia.

Já que o "como" é mais importante do que o "o que", muita atenção ao contar a sua jornada. Os melhores treinamentos, os melhores produtos, as melhores Power vendas são aquelas em que, você, Power Trainer, é o resultado da sua própria promessa.

Em outras palavras, quando a transformação que você prometeu aconteceu na sua vida, com você primeiro, você tem tudo que precisa para uma grande história.

Às vezes, você se capacita para causar uma determinada transformação por algum outro forte motivo, que não necessariamente ter vivido aquela dor na pele. Decide ajudar porque aconteceu com alguém que você conhece e você decidiu levantar essa bandeira.

A principal função da jornada é engajar a audiência, emocionar plateias, criar conexões e garantir que as pessoas prestem atenção até o final. Além disso, toda história deve ter um objetivo claro. Por isso, você deve pensar o que quer transmitir à audiência ao relatar uma história.

Caso seja no momento decisivo da venda, o objetivo é influenciar os clientes a tomar uma decisão de compra. Nesse caso, o ideal seria inserir na história alguns momentos em que você teve que tomar grandes decisões. Desta forma, você influencia positivamente seu cliente, encorajando-o a seguir nesse comportamento.

Lembre-se de que todo cliente tem um obstáculo que o impede de seguir em frente e decidir. Uma história bem contada faz com que a objeção seja superada dentro do contexto.

Além disso, em todo o tempo que escutamos uma história, o cérebro fica buscando fazer associações, tentando gerar conexões imediatas. Quando conseguimos construir pontes por meio destes interesses comuns, ganhamos a confiança da nossa audiência.

JORNADA DO HERÓI

A maneira mais famosa de se contar histórias é através da Jornada do Herói, trazida por Joseph Campbell. Só para você ter uma ideia do quanto isso é poderoso, George Lucas usou esta fórmula para elaborar o megassucesso Star Wars.

Como ela é uma estrutura longa, não é mais recomendável para sua palestra, mas basicamente, ela consiste em:

1. Mundo comum: o ambiente em que o herói conhece, sua zona de conforto;
2. O chamado da aventura: o ponto que ele se dá conta de que as coisas vão mudar;

3 Recusa do chamado: o personagem demora a aceitar o desafio, por medo. No entanto, logo aparece uma motivação desconhecida;

4 Encontro com o mentor: é quando o herói encontra seu mentor, aquele que o convence a aceitar o chamado e passa a ser o responsável pelo desenvolvimento de suas habilidades;

5 Travessia do limiar: o personagem deixa os limites conhecidos e se aventura em um novo ambiente;

6 Aliados e amigos: ele entra num novo mundo, enfrenta testes, encontra aliados, inimigos, alegrias, dores e regras do novo ambiente;

7 Fronteira do Perigo: o herói tem êxito nas provações e segue a jornada. Ele chega, então, em outra fronteira: um lugar mais perigoso onde está o objeto de sua busca;

8 Provação difícil: a maior situação de crise da aventura. O momento de tensão que pode colocar tudo a perder;

9 Recompensa ou elixir: o herói enfrentou seu maior desafio, se sobrepôs ao seu medo e têm uma recompensa: o elixir;

10 O caminho de volta: onde começa o terceiro ato da trajetória. O herói ainda está no mundo novo e corre perigo;

11 Ressurreição do herói: outro teste no qual ele enfrenta a morte e deve usar tudo que foi aprendido até esse momento. Essa etapa é como um exame final, a última provação;

12 Regresso com o elixir: trata-se da volta para o ambiente original. Ele aprendeu algo novo e tem a chance de dividir o conhecimento que detém.

JORNADA DA TRANSFORMAÇÃO

A Jornada da Transformação se encaixa melhor para uma Power Palestra do que a Jornada do Herói. Para quem está começando, ela é ideal porque conecta com a plateia e elimina objeções, trazendo autoridade de forma mais rápida.

A Jornada da Transformação, criada pelo meu amigo Leandro Aguiari, tem sete elementos.

Eu vou te apresentar abaixo cada elemento seguido exatamente de como eu o utilizo em minha própria palestra, para que você tenha um exemplo e facilite seu entendimento.

1. O desejo: por exemplo, no meu caso, o desejo surgiu na minha jornada de transformação quando assisti à palestra do Jober Chaves e senti o chamado para transformar a vida das pessoas como ele fazia;

2. O Problema: quando você decide transformar primeiro a sua vida, você precisa iniciar um caminho que é novo para você. No meu caso, eu não sabia falar em público. A primeira vez que tentei fazer isso, foi uma catástrofe, como citei aqui no livro;

3. O Plano: esse é o momento que você decide trilhar o caminho. O caminho para a mudança. Nesse elemento da jornada, normalmente você se depara com um plano para aprender, crescer e mudar. Geralmente precisa da ajuda de um mentor, como eu precisei do Tony;

4. A crise: neste elemento da transformação, você conta quais desafios teve no caminho, incluindo os erros e acertos. É importante relembrar tudo que foi relevante, inclusive os sacrifícios em prol da causa;

5. As consequências: toda crise traz aprendizado e consequências. Neste elemento da jornada, você deve contar quais foram as consequências negativas que sentiu no caminho para sua transformação definitiva. Comigo, o que aconteceu foi que comecei a dar treinamentos nas empresas, dizendo que todos deveriam ser melhores e acreditarem em seus sonhos, e as consequências eram que muitos pediam demissão após

a palestra para embarcarem em jornadas de empreendedorismo ou tirarem sonhos do papel;

6 O sucesso: este é o ponto da virada, quando você demonstra seu aprendizado frente à crise e quais foram os acertos após as consequências negativas. Conforme o objetivo de sua Power Palestra, você escolherá um desses momentos. Aquele que for mais relevante para o briefing da empresa, para a mensagem principal ou para sua Power venda no final.

No meu caso, depois que descobri a causa da minha crise, acertei a linguagem para as empresas e lotei minha agenda, mas ainda não me sentia inteiro. Minha missão era que as pessoas pudessem seguir seus sonhos, então me deparei com um novo aprendizado e criei o método Power Trainer UL, que lhe permite lotar salas e vender seus treinamentos. Consequentemente, pude seguir com a minha missão original. O Programa Ultrapassando Limites teve 400 pessoas em 2015. No ano seguinte, 900 pessoas e, em 2017, 2 mil pessoas. Isso era prova de que eu estava no caminho certo;

7 Transformação: nesse último elemento da jornada, você pode humildemente falar sobre as transformações causadas em você e em seus alunos. Aqui, explore conquistas e autoridade. Este é o grande final da sua história. No meu caso, realizei meus maiores sonhos. Morei no lugar que sempre quis, fiz grande viagens, casei com a mulher mais incrível que conheci e, além de tudo, pude realizar meu sonho de transformar a vida das pessoas. Nesses últimos anos, pude ver pessoas resgatando seus relacionamentos que estavam destruídos, alunos pararem de fumar, praticando esportes, emagrecendo. Vi pessoas vencerem medos como o de dirigir um carro ou falar em público. Pessoas conquistando a liberdade financeira. E, recentemente, fui reconhecido como o Melhor Treinador do Brasil. Um reconhecimento por todos esses anos com a missão de trazer à tona o melhor de cada um.

JORNADA DO MENTOR

Eu recomendo que esta jornada seja usada numa Power Palestra, caso você já se considere um Mestre Trainer ou se já tiver transformado muitas vidas com seu Power Tema.

Para contar sua história utilizando a jornada do Mentor, você deverá ter uma experiência e um rastro de transformações positivas que o coloque na posição de Mentor e seu aluno na posição de Herói.

A jornada do Mentor deve ser utilizada quando você quer contar a sua história do ponto de vista do Mentor e não do ponto de vista do Herói. Desta forma, os espectadores entendem exatamente o que você faz, o motivo pelo qual faz e principalmente, o que faz.

Quando você começar a expor o impacto e a transformação que o seu treinamento tem causado no mundo e, principalmente, quantos heróis você vem instruindo para que conquistem seus sonhos e objetivos, a conexão entre você e sua audiência será estabelecida da maneira correta.

1 O Mentor

O primeiro elemento é o próprio despertar do Mentor, já que, evidentemente, ele nem sempre foi um Mentor. É quando um evento ou tipo de situação tira esse indivíduo da vida comum e, ao invés de gerar satisfação, ele começa a fazer reflexões para descobrir os porquês.

2 O Desafio

O Desafio chega para tirar o futuro Mentor da Zona de Conforto e convidá-lo a dar início à sua jornada heróica. Para vencer esses desafios, ele terá que percorrer um longo e muitas vezes difícil caminho, o que nos leva ao terceiro elemento.

3 O Caminho

O Caminho revela tudo o que foi necessário para que ele conseguisse alcançar a resposta àquela pergunta inicial: as descobertas, dificuldades, renúncias, entre outras coisas. Depois de percorrer este caminho, ele descobre uma maneira de fazer as metas darem certo e isso nos leva a um quarto elemento.

4 O Ponto de Virada

Este é o momento em que tudo começa a dar certo para ele. Os desafios foram superados, as respostas para suas perguntas vieram e, quando ele se vê no espelho, enxerga uma pessoa completamente transformada.

5 A Transformação

Trata-se da revelação, de quem ele se tornou depois de percorrer todo o caminho. Ele segue com sua nova vida, desfrutando as conquistas e a tão sonhada evolução, até que ele um dia...

6 Encontro com o herói

Neste encontro com o herói, normalmente acontece algo inusitado. Esse herói nem sabe que é herói, mas o Mentor está saindo do casulo e quer instruí-lo a percorrer o caminho que ele mesmo percorreu. Ele entende esse herói, seus problemas, suas angústias, aflições, e isso faz com que ele sinta empatia por esse herói. Nesse momento ele percebe que pode ajudar o herói, porque compreende tudo que esse herói vai ter que passar para conseguir o que quer. Então, o que ele faz? Inicia sua jornada como Mentor, juntando todo conhecimento e experiência que adquiriu. Assim, compacta tudo isso e entrega para o herói através de um plano.

7 O Plano

Neste plano nada mais é do que um caminho, uma fórmula, uma técnica, uma estratégia clara e direta que pode fazer com que o herói consiga o que ele quer, economizando tempo, encurtando o caminho. O Mentor já acertou e errou e pode ensinar de forma mais prática para que o herói acelere ainda mais seus resultados. Se o herói confiar em seu Mentor e seguir o plano, terá sucesso. Mas se resistir e desconfiar o tempo todo, questionando e mudando o caminho, provavelmente irá fracassar. No momento em que o herói executa o plano e tem sucesso, o Mentor descobre qual a sua missão.

8   A missão

Com a missão reconhecida, o Mentor agora passa a ter clareza do seu propósito e começa a sua jornada em busca de novos heróis que precisam dele, para assim dar início a novas jornadas na vida de cada um desses heróis. Depois que os heróis também começam a se transformar em mentores, ele passa a deixar seu legado.

9   O Legado

O legado acontece quando o conhecimento do Mentor começa a ser passado de geração para geração. Assim, ele tem sucessores que levam sua missão, mesmo após a sua morte. Sempre que o Mentor se encontra com um novo herói, ele escuta e o entende, dedicando muito tempo ouvindo o herói, ao invés de contar a própria história. Ele faz isso através de uma chave inversora, a grande ferramenta do Mentor para atrair o herói, que entende como o Mentor poderá ajudá-lo.

Algumas vezes eu escolho a Jornada do Mentor ao invés da Jornada da Transformação, principalmente quando meu objetivo é o de treinar treinadores. Ajudar você, meu amigo leitor, a ser meu parceiro nessa missão incrível de mudar vidas!

Agora que você aprendeu como estruturar uma jornada, você está pronto para conhecer as **Power Estruturas**!

Basicamente, são três estruturas poderosas que eu vou te ensinar. Elas têm características diferentes e são sutis. Chegou o grande momento! Vamos conhecê-las?

POWER SANDUÍCHE

O que eu chamo de estrutura Power Sanduíche começa com o rapport. Lembre-se sempre disso. Esta é uma das nossas frases-chave: antes que rapport aconteça nada mais acontece.

A estrutura que eu chamo de Power Sanduíche ou Sanduíche Emocional traz um início que cria um engajamento emocional logo de cara. Ou seja, em 15 minutos você tem que ter chegado no auge da emoção. Eu utilizei essa estrutura durante anos na minha carreira, em palestras corporativas.

Depois da emoção, você relata a sua jornada, traz o conteúdo e termina com a emoção. Ela pode ser descrita como um crescente. Para explicar melhor o que acontece com nosso cérebro, quando você entra no conteúdo, você está alimentando o hemisfério esquerdo do cérebro, que é o neocórtex e aí você deixa de alimentar o límbico e vai para a parte intelectual.

Quando você termina uma palestra com emoção, o que fica é a sensação emocional. As pessoas, depois de dez anos, esquecem o conteúdo, mas elas não são capazes de esquecer uma quebra de madeira, por exemplo.

A sua palestra, via de regra, sempre irá resolver um problema e ensinar a solução de alguma dor. Por isso ela existe. Talvez você traga à tona um problema. Por exemplo: durante muito tempo nas minhas palestras corporativas, eu trazia uma matéria de capa da Revista *Exame* que era "funcionário feliz = lucro maior". Por que eu trazia essa reportagem de capa como a primeira tela da minha palestra, quando eu estava começando?

Eu crio a imagem "funcionário feliz = lucro maior", e mostro a importância da motivação. Aqui, vale lembrar que motivação durante muito tempo na área de recursos humanos, e talvez até hoje, era uma palavra desgastada que trazia uma sensação de que motivação nas empresas era algo sem conteúdo, e que a motivação era externa. Muitos acreditavam que as pessoas iam lá, motivavam e depois iam embora e a motivação caía.

Quer saber de uma coisa? Isso é verdade. A motivação não é de fora para dentro, é de dentro para fora. E todas as vezes que você faz qualquer treinamento, sua motivação aumenta. No entanto, o que acontece com o passar do tempo? A motivação cai. É natural, acontece comigo, vai acontecer com você e com qualquer pessoa. Simplesmente porque nós somos humanos.

O que que você faz? Você faz outro treinamento. Eu tenho um lema: o treinamento nunca acaba. Por isso que eu já fui seis vezes no Tony Robbins até este prezado momento. Um dos lugares em que eu mais gosto de estar é sentado na plateia como aluno de algum treinamento. Porque o treinamento nunca acaba.

O técnico Bernardinho, que hoje é um excelente palestrante e transmite sua energia no palco, diz: "um dia sem treinamento é um dia mais longe dos seus sonhos".

Eu acredito que o treinamento deveria ser diário. Isso quer dizer que você pode ler 15 minutos de um livro por dia e isso equivale a sete horas e meia no final do mês. Então, todo mundo tem 15 minutos. Se você tiver consistência, você vai ler de um a dois livros por mês e isso representa 24 livros por ano.

Aliás, parabéns para você que está lendo este livro, porque a leitura é uma maneira de você se motivar diariamente. E qualquer um pode encontrar 15 minutos por dia para ler um livro.

Eu sempre falo sobre a importância da leitura, que foi o que mudou a minha vida quando eu não tinha acesso a treinamentos. Quando digo que o treinamento nunca acaba, quero dizer o seguinte: é importante você sempre estar buscando se elevar. Tem um pensamento de Albert Einstein que diz: "uma mente que se expande nunca mais volta ao seu tamanho original". Ou seja, se você está comigo até esse momento do livro, é impossível você fingir que você não aprendeu o que você aprendeu até agora. Sua mente se expandiu, nunca mais ela voltará ao tamanho original.

Sua energia e motivação poderão cair um pouquinho? Claro que sim, porque você vai ter as pessoas te dizendo "ó céus, ó vida, ó azar". Pessoas puxando você para baixo. Você vai ligar no Jornal Nacional, espremer a televisão e vai sair sangue... É normal, só que você está evoluindo... Toda vez que você lê um livro, que você faz um curso, você tá num processo de evolução, por isso que o treinamento nunca acaba.

Voltando para a nossa estrutura, quando eu mostrei a revista com aquela imagem, criei uma necessidade, gerei uma necessidade, um problema a ser resolvido. Se a revista *Exame* diz: "muito mais importante do que lucros maiores ou menores é o clima organizacional", então motivação deixou de ser um artigo de luxo para poucos e passou a ser artigo de primeira necessidade para muitos. Bingo! Agora todos estão prontos para aceitar que transformação emocional é tão ou mais importante que o conhecimento técnico. Posso começar minha palestra com a plateia entendendo essa necessidade.

Meu posicionamento durante muito tempo foi "atitude-comportamento", ou seja, eu descobri uma matéria da *Você s/a* que dizia que praticamente 9 em cada 10 pessoas são demitidas por atitude e comportamento e não por falta de conhecimento técnico.

O que eu estou fazendo? Estou preparando a palestra para um problema que eu vou resolver. E qual o problema que eu vou resolver? A atitude. Ou seja, eu estou preparando a plateia para o primeiro momento de grande emoção em que eu vou explicar a importância da atitude.

Se atitude é importante, motivação é um artigo de primeira necessidade.

Quando as pessoas estão felizes, todo mundo ganha. O acionista ganha, o cliente interno ganha, o cliente externo ganha, os pares ganham, os líderes e liderados ganham, e o encantamento ao cliente acontece.

Seguindo a lógica da palestra estruturada desta forma, o que estou trazendo?

"Olha, motivação não é superficial não... Não é o Rodrigo que está falando, é a revista Exame... A sua atitude é que vai gerar motivação na empresa. A revista Você S/A que tá falando, que não adianta você ser um engenheiro em Harvard com pós-graduação em Massachusetts e ser um cara negativo. Porque se você for um cara parrudão, negativo, sisudo, você vai ser demitido, é inevitável. Você tem que melhorar os seus relacionamentos. A boa notícia é que conhecimento leva tempo... Quanto tempo leva para fazer uma faculdade, quanto tempo leva para aprender Inglês, quanto tempo leva para fazer um MBA em Harvard... E atitude? Atitude você muda com uma decisão. Você pode mudar sua atitude agora, nesta palestra..."

E assim estou preparando as pessoas para a estrutura que chamo de Power Sanduíche. Ou Sanduíche Emocional. Elas estão comprando a ideia de que atitude é tão importante quanto currículo e pode ser mudada com uma decisão!

É no momento de decisão que seu destino muda para sempre. Por exemplo: sorrir é um conhecimento ou uma atitude? É uma atitude, é claro! E no momento em que você está lendo esta linha, você pode abrir um sorriso agora.

Sorria agora, vamos lá... Mesmo que seja apenas um esboço de um sorriso... Perceba como isso fará você se sentir melhor. É uma decisão! Se você teve coragem de esboçar um sorriso, meus parabéns!

A próxima pessoa que você encontrar, no próximo instante que você fechar o livro, você poderá dar um sorriso para ela e fazer um elogio, isso é uma escolha e quer saber o melhor? Você não precisou fazer uma faculdade para sorrir.

No momento em que você muda sua atitude, a energia à sua volta começa a mudar. Atitude é uma escolha.

Na palestra, depois de explicar tudo isso, eu convido as pessoas a terem uma atitude e serem extraordinárias. É quando eu vou para a primeira parte emocional da palestra.

Entenda: você pode estruturar sua palestra gerando uma necessidade através de provas que sirvam como base do problema que você deseja ensinar a resolver. Essas provas podem ser uma matéria de uma revista de credibilidade, uma queixa relatada em vídeo, ou mesmo, uma citação – através de perguntas – que faça seu público se identificar, como por exemplo:

"Você conhece alguém que diz: este ano eu vou emagrecer! Desta vez eu vou ganhar mais dinheiro! Agora minhas vendas vão aumentar! E daí o ano termina e nada acontece?! Por que as pessoas traçam metas de ano novo e não conseguem realizar? É sobre isso que vamos tratar hoje...". Pronto! Através de perguntas poderosas de reflexão você, gerou a necessidade de se resolver um problema comum e sua palestra pode ser a solução desse problema. Basta estruturá-la do jeito certo.

Essas introduções podem acontecer através de perguntas de conexão, como mostrei anteriormente, através de depoimentos ou pesquisas.

Depois disso, você leva as pessoas para o primeiro momento de emoção.

No meu caso, explico o que é ter uma atitude extraordinária.

Explico que ser extraordinário é eliminar desculpas do seu dicionário! E desculpas perpetuam a mediocridade, todas as vezes em que você dá desculpas na sua vida, você está aceitando resultados medíocres.

Então, mostro um vídeo da paralimpíada de Sydney 2000, quando faço uma palestra com a estrutura de Power Sanduíche.

O vídeo, no caso, é de um nadador chinês e enquanto as imagens estão sendo exibidas, eu vou narrando a trajetória do nadador. O herói, no caso, perdeu os braços na adolescência, num acidente elétrico, numa subestação e teve que amputar os dois.

Ninguém precisa ter pós-graduação em psicologia para me responder: "um indivíduo que perde os braços pode entrar em depressão? Ele podia dar todas as desculpas do mundo".

Nessa sequência, começo a dizer *"esse cara tinha as desculpas para ir para o sofá, para entrar em depressão. E eu confesso: eu aceitaria as desculpas dele e você também. Uma pessoa não aceitou. Quem? Ele mesmo"*.

Em uma prova de natação, qual é a parte do corpo mais importante? O braço. Como é que a gente sabe que uma pessoa ganha uma prova de natação? Quando ela encosta a mão na lateral da piscina. Se o chinês não tem mão nem braço, sobra o que para ele bater? A cabeça. Por isso, ele treinou os músculos do pescoço para bater a cabeça com toda força sem nenhum tipo de lesão.

Ele é o único que tinha que ser um braço mais rápido que todo mundo. Não importa se ele ganhou ou não, apenas o fato de ele ter sido o único qualificado para representar o país dele sem os dois braços em uma prova paralímpica de natação, ele pode ser considerado por nós como um atleta extraordinário? Sim ou não? – Eu pergunto!

A plateia grita: – Simmmm!

Em seguida, começo a exibir as cenas do atleta se preparando para prova. Mostro o atleta inglês, que é o favorito, e exibo a competição. Ele larga bem, e mesmo sem os braços, à medida que a câmera vai se aproximando, você percebe que ele está entre os três primeiros da prova... e por incrível que pareça, se nós passássemos uma linha imaginária na cabeça dele, ele já seria o primeiro colocado... mas infelizmente o braço esticado do inglês ainda toca na lateral da piscina antes da cabeça dele... mas, por incrível que possa parecer, esse cara acelera a tal ponto que ele passa o braço esticado do inglês e bate a cabeça dele com toda força em primeiro lugar.

Infelizmente, a prova é de ida e volta, e exatamente por ele não ter os dois braços, ele perde muito tempo na virada, perde o primeiro lugar, caindo para o segundo lugar.

Nesse instante, com a plateia vibrando e ansiosa, eu digo "guarde essa imagem para sempre em sua memória emocional. Isso é resultado de muita garra e determinação. Isso é dizer não às desculpas, isso é ser extraordinário, isso é você fazer o que for necessário, isso é você fazer mais do que você ganha para fazer!

Perceba como é bom ter um mentor, um líder que te puxa à frente. Olha como a cada segundo ele se aproxima do inglês, e será que, se não fosse o inglês, ele estaria tão na frente assim das outras pessoas? Olha, por causa do inglês ele está quase meia piscina na frente dos demais competidores".

Em seguida, lá vão eles em direção à linha de chegada, eles encostam praticamente juntos. Pelo vídeo não dá para saber quem bateu primeiro, se foi a mão do inglês ou cabeça do chinês. No entanto, para nossa alegria e felicidade, os sensores acusaram, por décimos de segundos, a vitória do chinês, sendo reconhecido pelo seu adversário e ganhando, no meu entender, a melhor medalha de ouro que eu já vi na minha vida.

Na palestra, raramente eu preciso pedir uma salva de palmas para esse atleta extraordinário. Pois no momento em que termino a narrativa, pessoas com olhos marejados batem palmas emocionadas, entendendo que elas podem fazer muito mais em suas vidas do que estão fazendo até aquele momento. E adivinha? Você também pode!

E você deve estar se perguntando, "mas Rodrigo, esse é um vídeo que dava para terminar a palestra", pois é... se a palestra começou assim, imagina o final!

Nesse instante eu já me conectei com todo mundo e, logo, faço a seguinte pergunta:

"Quem ficou emocionado?"

Se eu estou falando com vendedores, aproveito para introduzir o conteúdo e digo *olha para a cara dele, ele tá feliz da vida, com os dentes à mostra sorrindo? Não! Os jornalistas perguntaram:*

'Sr. Chang Wu, o povo quer saber... Depois de uma vitória tão espetacular como essa, por que você está com essa cara séria?' E sabe o que ele respondeu? 'É porque Chang Wu tá com uma baita dor de cabeça'".

É uma brincadeira que sempre tira risadas da plateia, mas esse é o humor que eu introduzi na palestra, essa é a pitadinha de humor que você precisa soltar de vez em quando. Claro que na sequência eu explico que estou brincando e que a resposta dele foi: "*eu não treinei para perder, eu treinei para ganhar e eu quase perdi*".

Para fazer com que as pessoas entendam aquilo que quero transmitir, eu falo assim "*sabe o que ele fez no dia seguinte? Te dou uma chance de adivinhar... Ele foi para a piscina treinar... O treinamento nunca acaba. Quantos vendedores batem a meta e no dia seguinte se acomodam?*".

Em seguida, começo a contextualizar.

Agora, aqui está a importância do briefing, de saber com quem você está falando. Se eu não estou falando com vendedor, eu nem explico isso. Se eu estou falando com líderes, digo:

"*Dá uma olhada para essa tela, quando aconteceu? Sydney, ano 2000. Em que ano nós estamos? Faz quanto tempo? Chang Wu sequer imagina que do outro lado do planeta ele estaria fazendo pessoas chorarem neste exato momento. Sabe qual o nome disso? Fazer uma diferença!*

Quando você decide ser extraordinário, dar o seu melhor e parar de dar desculpas em sua vida, você começa a fazer uma diferença na vida das outras pessoas também. Dos seus filhos, das pessoas que estão à sua volta. Eu nunca imaginei na minha vida que haveria pessoas em Moçambique que estariam sendo impactadas porque um dia eu comecei a fazer isso aqui no Brasil".

Na estrutura do Power Sanduíche, depois disso, eu vou para a jornada.

Geralmente, eu diria assim: **"bom, pessoal, eu vou responder à pergunta mais importante da palestra de hoje: a importância de** *você ter metas em sua vida. Por exemplo, se você não sabe para onde está indo, qualquer lugar serve.*

Nesse momento, solto mais uma piadinha:

É que nem aquele rapaz que entrou no elevador e o ascensorista pergunta: qual andar o senhor vai? Qualquer um, moço, eu já tô no prédio errado mesmo".

Daí eu pergunto: "quantos de vocês vivem a vida assim? Qualquer lugar serve?"

Desta maneira, trago de novo a necessidade de ter metas, através das perguntas de conexão que você já aprendeu:

"Você sabia que 97% das pessoas nunca ouviram falar de metas? Você sabia que 3% das pessoas que ouviram falar de metas a maioria nunca realizou?"

O que que eu fiz nesse momento? Eu fiz perguntas de conexão iniciais da palestra para poder começar, para trazer um problema que eu vou solucionar. E antes de entrar no conteúdo, eu venho para minha jornada. Lembra que você ja aprendeu? Nunca comece um conteúdo antes de uma jornada?

Conto que eu nunca tinha ouvido falar de metas, pois eu venho de uma família humilde, eu andava de Mercedes Benz, com cobrador e motorista, e então eu conto toda a minha história que neste momento você já conhece bem. Conto de quando eu estava sentado lá no fundo daquela apresentação e tracei metas pela primeira vez e como aquilo mudou a minha vida de maneira extraordinária.

Você que está lendo este livro deve ter certeza de uma coisa: a sua história é o seu maior ativo. Eu poderia escrever um livro inteiro sobre como contar a sua jornada, mas para que você termine este livro sabendo estruturar muito bem uma palestra, lembre-se de que sua história começa com como você era, quais desafios enfrentou na sua vida. De repente, você fala sobre o famoso ponto da virada, algo que aconteceu na sua vida que fez você ensinar o que está ensinando hoje. No meu caso foi escrever as metas a primeira vez na última fileira de uma palestra depois de uma visualização poderosa e emocionante!

Ou seja, você vai responder para a plateia aquela pergunta silenciosa que eles fizeram no começo: por que essa pessoa está me ensinando? Que direito ele tem de me ensinar? E depois você termina com as suas conquistas. Quando você termina com as suas conquistas, é a hora de você usar o que eu chamo de "bloco da autoridade". Se você voltar para os primeiros capítulos deste livro, você verá que foi assim que aconteceu. Eu só falei de onde eu moro, das viagens que eu fiz, com quem eu casei, depois que eu mostrei para você toda a trajetória.

Agora eu posso falar de mim sem que eu pareça arrogante, por quê? Porque no fundo eu estou falando da minha verdade e eu compartilho as minhas conquistas com você, depois de ter mostrado meus fracassos e aprendizados. Nesse momento, eu ganho o direito de falar sobre minhas conquistas e você também, de forma que as pessoas se conectem, de forma carismática, de forma que você mostre para eles que, se você conseguiu, eles também podem conseguir!

Muitos palestrantes que não conhecem nenhuma das estruturas que você está aprendendo cometem o erro de começar suas apresentações falando sobre si, falando sobre seu currículo e como são bons no que fazem. Infelizmente, sem saber, estão quebrando o rapport com a plateia de uma forma, muitas vezes, irreversível.

Eu sempre digo que a última meta que eu escrevi no dia da palestra do Jober foi: **um dia eu quero fazer pelas pessoas o que esse cara tá fazendo na minha vida hoje**. Se você que está lendo este livro agora, me mandar um e-mail para falar que este livro transformou a sua vida, só uma pessoa, dentre as milhares, já vai ter valido a pena toda a energia, cada linha, cada palavra que foi escrita aqui.

Se eu fizer a diferença para uma pessoa, já vai ter valido a pena.

Porque, no fundo, é isso que faz sentido na vida de quem quer transformar alguém. Não importa as horas de sono perdidas escrevendo ou os dias com dedicação exclusiva ao livro, o que importa, no fundo, é saber que você foi tocado ou transformado por alguma coisa que eu tenha escrito aqui e que isso tenha feito a diferença na sua vida.

Na palestra, a mensagem é fundamentalmente a seguinte: "se eu consegui, eu acredito com todas células do meu corpo que cada um aqui consegue também."

Depois que você termina a sua jornada e traz a sua autoridade, as pessoas pensam assim "caramba, esse cara sabe do que está falando".

A autoridade deve fortalecer sua credibilidade dentro da palestra e hoje o que traz autoridade são basicamente resultados. Por isso, não é mais possível sustentar autoridade por uma única conquista do passado. Você precisa estar sempre se atualizando e gerando novidades.

O bloco da prova, por exemplo, pode trazer mais autoridade do que títulos e conquistas.

O momento certo de apresentar a sua autoridade depende de uma série de fatores e também da Power Estrutura que foi escolhida por você.

Depois do bloco da autoridade, você está pronto para inserir o conteúdo.

O conteúdo normalmente deve ser entregue com três chaves, cinco passos, quatro táticas. O ideal é que não passe de cinco.

Logo após entregar seu conteúdo, termine com o que eu chamo de O Grande Final.

Por exemplo, se o seu Power Tema é "meditação", você pode dar "as quatro chaves da meditação" e, logo em seguida, o seu Grande Final pode ser ensinar na prática a primeira chave! Assim, terá uma grande palestra na Estrutura Power Sanduíche e ainda terminará com um gostinho de quero mais!

O quanto você se aprofundar nesse conteúdo é o que vai definir o tempo que você tem disponível.

Lembre-se: o que não pode faltar na palestra, independente da estrutura que ela tiver – Power Sanduíche, Power Dor ou Power Desejo –, são as perguntas de conexão e o rapport. Antes que rapport aconteça...?

Você já sabe: nada mais acontece!

Power Sanduíche ou Sanduíche Emocional

- Introdução com perguntas;
- Promessa de resolver um problema;
- Emoção;
- Sua jornada;
- Bloco da autoridade;
- Bloco de Conteúdo;
- Grande final Emocional.

  Se você quer ser um treinador de alto impacto, se você quer ser um treinador que realmente transforma, então você tem que resolver um problema, você tem que contar a sua história para você poder chegar no bloco da autoridade. Principalmente quando o assunto que você está falando é um assunto em que você é o seu próprio avatar transformado.

Este é o meu caso. Como você pôde ver ao longo do livro, eu ultrapassei limites primeiro na minha vida, e logo depois fui testar isso com outras pessoas, primeiro como coach, depois como trainer e agora estou ensinando outros treinadores a fazerem isso. Primeiro, eu testei na minha vida.

Quando você consegue fazer na sua vida aquilo que quer propor para a vida dos outros, não há autoridade maior, já que você foi transformado pelo seu próprio método.

Depois da jornada, começa o conteúdo. Você pode passar o conteúdo em 12 minutos ou em 3 horas. Para cada chave, cada passo, cada estratégia, você pode criar uma dinâmica. Também é importante entender a diferença entre palestra e treinamento. Palestra você entrega de uma a duas horas e meia.

Workshop ou treinamento é de 4 horas, de 8 horas, de 6 horas ou dois, três dias. Qual é a diferença? A diferença é que a palestra é mais sintetizada e você vai passar uma mensagem transformadora com grande final onde a pessoa aprende bastante coisa. A palestra gera valor, mas não se aprofunda.

No treinamento, você tem tempo de se aprofundar e de vivenciar, porque, cá entre nós, nada melhor do que aprender fazendo não é mesmo?

A palestra normalmente você fica apenas vendo e ouvindo, e mesmo assim, no meu Grande Final eu faço uma dinâmica e trago a quebra da madeira. Cada um deve ter seu Grande Final.

"Rodrigo, mas eu não tenho um Grande Final, eu sou um especialista, eu sou muito técnico". O que eu digo nesses casos é que o seu Grande Final pode ser impactando sua audiência com um texto, uma metáfora ou até mesmo um vídeo que tenha te emocionado.

Como já disse, evite vídeos da internet.

Sabe quais são os melhores vídeos? Aquele que você está assistindo a um filme e aquela cena te emocionou. As lágrimas vieram no filme. Então, você tira um pedacinho daquele filme e contextualiza-o na sua palestra. Pode apostar: se ele te emocionou, ele vai emocionar todo mundo, principalmente, se você contar a história por trás do filme que te emocionou. Isso pode ser o seu Grande Final exclusivo, só seu!

O grande final também pode ser uma música. A ideia é de que ele seja emocional e toque a alma das pessoas.

Essa é a estrutura do Power Sanduíche: introdução, emoção, jornada, conteúdo e termina com Grande Final. Por isso que eu chamo de Sanduíche Emocional, porque o conteúdo está entre duas emoções. Essa é uma boa estrutura para você usar em uma palestra corporativa, ou para uma reunião de empresas e é uma situação muito adaptável.

POWER DESEJO

Você sabia que o mercado de palestras movimenta, neste momento, mais de 100 milhões de reais por ano? Isso aqui é uma oportunidade. Como seria se você fosse um palestrante com a agenda lotada? Esse é o desejo. O problema é que existem muitos palestrantes profissionais no mercado e o telefone deles não toca. Como seria se você estivesse nesse mercado com agenda lotada?

Basicamente, o parágrafo acima traz informações reais de mercado e acessa o desejo de muitos profissionais que desejam viver dessa maravilhosa profissão. Esse é um exemplo de início de estrutura que eu chamo de Power Desejo.

O Power Desejo basicamente começa com uma pergunta sobre um desejo oculto que as pessoas têm. "Como seria se você tivesse liberdade financeira?", se você for falar de finanças. "Como seria se você tivesse um corpo esbelto, uma saúde impecável e você não sofresse para comer, você não precisasse olhar para uma comida e tomar a decisão de não comer e sofrer com isso, simplesmente você optasse por se alimentar de uma forma mais saudável?" ou "como seria se você tivesse um relacionamento verdadeiro, encontrasse o amor da sua vida e alguém que você pudesse confiar de verdade e nunca mais ficar com o pé atrás em uma relação?", em outros casos, "como seria se você aprendesse a meditar e a acalmar e silenciar sua mente e começar o dia com muito mais energia, conectado com cada instante, com cada momento presente?". Tudo depende do seu Power Tema, que você aprendeu a desenvolver e encontrar.

O Power Desejo irá lançar um desejo nas pessoas que estará ligado com aquilo que você vai ensinar. Se você estiver falando da meditação, por exemplo, ele vai para o problema na sequência: "o problema é que a maioria das pessoas não sabe como silenciar a sua mente".

Para levar conhecimento que transforma para as pessoas, mesmo que você entenda muito mais do que ela, ou apenas 10% a mais, você precisa estruturar a palestra de forma adequada. São estas estruturas que garantirão, com os outros ingredientes, o sucesso do seu treinamento. Não dá para ser um Power Trainer sem saber como estruturar a própria palestra.

Se eu fosse lançar um desejo para você, neste momento, diria: "se você aprendesse a estruturar uma palestra que, no final, você não só fosse aplaudido em pé, encantasse a plateia, como você fosse chamado para fazer essa palestra novamente, mas o principal de tudo, você fosse um agente transformador, que ao sair de lá, você soubesse que pessoas que te assistiram iriam transformar as próprias vidas. Como seria isso para você?"

Isso é o Power Desejo:

- Pergunta Desejo;
- Conexão com problema;
- Promessa de solução.

Depois de lançar o desejo, você traz à tona o problema: "o problema é que a maioria das pessoas não sabe como fazer isso". E, no final, vem a promessa: "hoje você vai aprender os três passos de como encantar uma plateia" ou "hoje, eu vou te ensinar os 5 passos para você ter uma qualidade de vida e ter uma vida sem câncer e evitar ou curar ou aumentar as possibilidades de cura" ou "hoje, eu vou te ensinar as 4 chaves para você silenciar a sua mente", "eu vou te ensinar as 2 estratégias para você ter um relacionamento amoroso incrível e voltar a ter um amor ardente com quem você ama". Ou seja, depende do seu Power Tema, da sua paixão.

O que você está fazendo neste momento? Você está fazendo o que eu chamo de *looping*: você está falando do que você vai falar, mas ainda não falou, então, a pessoa fica ligada.

Você já parou para pensar que é assim que são estruturadas as séries da Netflix?

O que seria essa estrutura? Dentro de um depoimento, por exemplo, eu corto o depoimento no momento mais dramático. Se eu for trazer o depoimento do Marcos Rossi, que foi um aluno meu e nasceu sem os braços e pernas, mostro primeiro a parte onde ele conta como estava mal, ficou em depressão dois meses sem sair de casa, porque tomou o fora de uma menina. Nessa sequência, eu falo: "imagina como é a vida de um menino, que nasceu sem os braços e sem as pernas e ficou dois meses sem sair de casa, em depressão. O que vai ser da vida dele?".

Isso faz com que as pessoas fiquem se perguntando: "nossa, o que vai acontecer?". Então, eu emendo mais uma pergunta: "você gostaria de saber como ele ultrapassou o limite? Sim ou não?". A resposta, é claro que é sempre um sonoro "Simmm".

Desta maneira, estou fazendo *loopings* abertos onde a pessoa continua conectada e hipnotizada. Um dos maiores erros dos palestrantes hoje é lançarem um problema e já trazerem a solução. "O palestrante enfia a faca e já faz o curativo".

Então, você abre um *looping* e se fôssemos mais fundo ainda, poderíamos fazer *loopings* dentro de *looping*, ou seja, você faz um *looping* aqui e que você vai fechar no final. Por exemplo: se eu falo de improdutividade desfocada. Que nome é esse? Na verdade, quero falar que a pessoa não tem foco, que ela é improdutiva. Eu chamei de improdutividade desfocada. Aí eu começo da seguinte forma:

"A pessoa vai para o trabalho, fica no Skype, no WhatsApp e quando termina o dia parece que ela produziu, mas ela não produziu, ela só

se ocupou". Dizer esta frase já traz a dor à tona, porque a própria plateia concorda com o que foi dito e se identifica. Quando você descreve a plateia melhor do que ela mesma poderia se descrever, e ela concorda mexendo positivamente com a cabeça, você sabe que você está num nível de rapport profundo. Então, quando você fala: *"Deixa eu te contar o que a maioria das pessoas faz e por que elas não têm resultado"*, você começa a descrever as pessoas. *"Talvez você conheça alguém assim"*, você diz.

Lembra que falamos sobre o uso do "talvez"? Pois é: dizer *"talvez você conheça alguém que não termina o que começa ou talvez você conheça alguém que termina um trabalho, olha a grama do vizinho e acha que é sempre mais verde, aí essa pessoa para o que estava fazendo e muda, ela abre outro negócio, ou talvez você conheça alguém que bota toda energia numa única área da vida e detona com todas as outras, foca tudo no profissional, passa a ter dinheiro, mas está com o casamento e a saúde destruídos, você conhece alguém assim?"*

Quando, numa apresentação, você descreve o perfil de uma pessoa de uma maneira melhor do que ela mesma descreveria, o nível de rapport vai da temperatura de zero a 10. Ou seja, essa é uma maneira de você se conectar de forma potente com a sua plateia, antes mesmo de entregar o conteúdo.

Uma alternativa seria dizer: *"antes de eu entregar o como fazer, deixa eu te falar o que você está fazendo de errado"*. Esta estratégia é extremamente poderosa, pois antes de entrar na solução, você descreve o problema de forma mais profunda, conectando ainda mais com sua audiência.

"Como seria se... ". Com esta deixa, você introduz os passos de que precisa e logo em seguida, faz uma pergunta silenciosa. Por exemplo, quando eu digo: "eu vou te ensinar como você pode, em minutos, perder o medo de falar em público". A pessoa está na plateia pensando: "ah, eu tenho medo há 10 anos, eu não acredito que isso seja possível".

É nesse momento que você responde a pergunta silenciosa usando o que eu chamo de: "o gatilho da leitura mental" que é declarar o que a pessoa pode estar pensando.

Você diz: "eu imagino que você possa estar pensando que seja impossível vencer o medo de falar em público em minutos", o que acontece? O nível de rapport sobe.

Desta maneira, estou criando rapport, ou seja: eu estou acompanhando a plateia para depois conduzi-la.

O gatilho da leitura mental é quando você "lê" o que sua audiência está pensando e se antecipa para responder. Mesmo que de forma indireta, você eleva a temperatura do rapport e isso gera muito poder.

Vou dar um exemplo: imagine só que você diga que este treinamento é capaz de fazer o sujeito parar de fumar. O pensamento imediato dele é "duvido!"

Se, neste momento exato você utilizar o gatilho da leitura mental e apresentar a prova, bingo! Esta estrutura é imbatível.

Eu costumo dizer: "eu até imagino você pensando que isso é impossível. Eu mesmo pensaria isso, se eu não tivesse visto centenas de casos ao longo da minha carreira, como o que aconteceu recentemente ao abrir meu instagram e me deparar com esta mensagem":

"Boa noite, meu Mentor. Talvez você nem leia esta mensagem, mas quero agradecer de coração a você. Eu fumava fazia sete anos e achava que nunca ia conseguir parar. Depois daquela dinâmica de escrever no papel e rasgar, você me fez chorar muito, mas valeu a pena. Cara, você é iluminado. Te admiro demais. Abs Jeferson".

A mensagem acima eu realmente recebi no meu Instagram, onde recebo inúmeras mensagens diariamente relacionadas a assuntos específicos.

A prova é sempre muito poderosa. Nunca é demais. Quando você a utiliza, você ganha força para sua Power venda no final. Por isso, esteja sempre colhendo depoimentos espontâneos. Faça coleção deles.

Eu mostro em minha palestra um aluno que emagreceu consideravelmente, com duas fotos, uma antes e uma depois. Na foto depois, ele está com cabelo e na antes ele está careca.

Nesse momento, eu uso o gatilho da leitura mental novamente. Crio uma pitada de humor, da seguinte forma: *"quem, olhando essas fotos pensou: "ah, isso aí está trocado! Ali era antes e ali era depois, porque ele tinha cabelo e ali ele não tem", levanta a mão! Pode ser sincero, eu sei, no seu lugar eu também pensaria isso!"*

O que acontece aqui é que a plateia se descontrai e eu mais uma vez me aproximo com um nível de rapport lá em cima.

Nesse momento, eu olho para quem levanta a mão, no olho, lá na plateia e falo *"obrigado pela sinceridade, eu sabia que você estava pensando isso. Gente, deixa eu explicar: primeiro eu não teria coragem de falar uma mentira aqui para você...".*

Pode parecer sutil, mas estou trazendo para eles que serei autêntico e faço um *seeding*. *"Este aluno era gago e não falava em público. Começou a ter como missão fazer as pessoas perderem o medo de falarem em público, porque ele conseguiu fazer isso na vida dele e aí ele começou a ganhar dinheiro com isso. Começou a ensinar para outras pessoas o que ele aplicou na vida dele. Virou um treinador de sucesso, começou a ganhar dinheiro, ele mudou o invisível para mudar o visível. Decidiu mudar seu próprio visual. Além de emagrecer mais de 28 quilos, ganhar dinheiro e esse cabelinho aí pessoal, foi comprado, custou mais de 25 mil reais esse implante".* E todos caem na gargalhada!

Esse é um exemplo de Gatilho da Leitura mental que você pode usar a qualquer momento que achar pertinente. Você não pode ver alguém bocejando, olhando no relógio e fingir que não está vendo. Um Power Trainer usa a Leitura Mental para tudo e faz alguma dinâmica revitalizadora, anunciando que está percebendo que alguns podem estar cansados. Então, convida todos para se levantarem, dar uma esticada, ele não ignora os sinais não verbais. Tudo isso mostra o domínio e faz com que as pessoas o respeitem ainda mais.

Em qualquer uma das estruturas, você sempre vai prometer uma solução para um problema e o uso de provas é extremamente poderoso. Elas podem acontecer através de depoimentos em vídeo que você pode colher de pessoas que tiveram resultados com o que você promete. "*Rodrigo, mas eu estou começando, eu não tive a transformação*", então a prova será você e a sua jornada.

Mas, adivinha qual é a primeira coisa que você precisa fazer, quando começar seus treinamentos? Assim que transformar alguém, gravar o depoimento.

Estava almoçando com um aluno meu que é proprietário de uma rede de calçados e ele me contou durante o almoço "Depois do Ultrapassando Limites, minha empresa vendeu 70% a mais". Então, eu falei, "Você gravaria isso para mim? Poderia ajudar muitas outras pessoas com seu testemunho". Normalmente eles topam na hora, você não terá problemas pois seus alunos serão sempre gratos à transformação que você causou em suas vidas.

No meu site, existem centenas de depoimentos que considero extremamente valiosos. Se você entrar no www.ultrapassandolimites.com.br, irá encontrar infinitas provas que podem lhe servir como exemplo para você gravar os seus próprios depoimentos para que sejam usados como suas provas.

Um depoimento que alguém escreveu em uma rede social, do qual você possa tirar um *print* e usar, também pode ser utilizado como uma prova social. Um e-mail que alguém te mandou, também. Eu fico feliz em poder reunir depoimentos de pessoas como o Christian Barbosa, que foi capa da *Você S/A* e decidiu ser palestrante profissional por minha causa, depoimentos como o do Pierre da Família Schurmann, ou do meu amigo e autor de Casais Inteligentes Enriquecem Juntos, Gustavo Cerbasi.

Todos os depoimentos me trazem a felicidade de ver pessoas transformadas e me impulsionam ainda mais a seguir minha missão.

O mais incrível disso tudo é que as pessoas que entram para conhecer o meu trabalho acabam encontrando depoimentos de pessoas parecidas com elas, porque eu procuro diversificar e trazer todos os perfis possíveis. Há pessoas que iam quebrar empresas e se tornaram grandes franquias, uma médica que triplicou o número de clientes em seu consultório após o Ultrapassando Limites. Um empresário que saltou de 2 para mais de 60 colaboradores em menos de 1 ano, e tantos outros que você também pode conferir, quando quiser.

Na estrutura Power Desejo, você pode criar oportunidades, no meio da apresentação, para levar as provas da seguinte forma:

Se você acha que isso parece bom demais para ser verdade, eu te entendo. Se eu estivesse no seu lugar, eu também acharia, mas deixa eu te mostrar aqui uma prova".

O tipo de prova vai depender de como você quer se posicionar. Ou seja: para mostrar autoridade no mercado corporativo, eu preciso de depoimentos de presidentes de empresas. Para demonstrar autoridade como Treinador dos Treinadores, mostro depoimento de palestrantes e treinadores que alcançaram grandes resultados depois de participarem do Power Trainer UL. Para demonstrar a força do Coach UL mostro depoimentos de coaches que levaram um atleta ordinário para um nível extraordinário como foi o caso do Lincoln, que é nosso coach formado e levou seu coachee para receber o prêmio Sul-americano de natação. Ele hoje é uma referência de coach de atletas, além de ter se tornado um grande Trainer também. Todas essas provas trazem autoridade para você, sempre tomando o cuidado com o seu posicionamento, obviamente.

A prova é um dos blocos mais importantes da estrutura de uma Power Palestra. Se o ditado diz que uma imagem vale mais que mil palavras, a prova reforça a veracidade e o poder da sua promessa.

Claro que a jornada também é muito importante, já que é ela quem valida o dono da mensagem, porém, a plateia sempre pode pensar "ok, a transformação é possível para ele, mas será que é possível para outras pessoas? Será que é possível para mim?".

DEPOIMENTOS

Quando fizer uma palestra numa empresa, peça depoimento ao presidente ou ao diretor. É interessante certificar-se de colher depoimentos de pessoas com cargos mais altos, porque isso é sinal de credibilidade para seu público. No meu site, você verá depoimentos do dono da Cacau Show, da diretora da Itapemirim, do Presidente da Tigre e de vários outros.

Uma forma muito eficiente de conseguir depoimentos é fazendo um concurso. Este concurso consiste em oferecer um prêmio para o melhor depoimento em vídeo. Você deverá enviar um e-mail para quem assistiu a seu treinamento, logo após de ele ter acontecido.

ESTUDOS DE CASO

Particularmente, já investi uma grande quantia em dinheiro em filmes de alta qualidade para estudos de caso. Um estudo de caso é um vídeo feito por um profissional para mostrar a transformação na vida da pessoa de maneira quase cinematográfica.

O protagonista? O próprio aluno transformado.

Evidentemente, você não precisa iniciar de maneira tão profissional.

O importante é entrar em campo e, para ajudá-lo, vou te apresentar as 7 perguntas viscerais que você poderá usar ao colher um depoimento.

AS 7 PERGUNTAS VISCERAIS
PARA UMA POWER PROVA DO SEU TREINAMENTO

1. Como foi a sua história de vida de forma resumida? Escolha um evento – pode ser uma dor – para começar a contar essa história;
2. Qual era seu problema antes de conhecer o treinamento? Como você se sentia?
3. Como você conheceu o treinamento, e por que decidiu dar um voto de confiança?
4. Conte sobre suas dificuldades no começo para aplicar o que aprendeu;
5. Quais os resultados que o treinamento trouxe para sua vida?
6. O que aconteceu com sua vida que você nunca imaginou que seria possível após colher os resultados do treinamento?
7. Conte resumidamente como foi a sua transformação.

Em meu blog www.ultrapassandolimites.com.br/depoimentos, você poderá ver os estudos de caso que tenho. Um dos mais acessados é o do André Lago que, num determinado momento de sua vida, foi parar numa UTI por causa do excesso de trabalho e depois do Ultrapassando Limites aprendeu a importância do equilíbrio.

Como você pode perceber, a Power Prova é um bloco que está dentro de uma Power Estrutura. Resumidamente, a estrutura Power Desejo está montada assim:

A ESTRUTURA POWER DESEJO COMPLETA:

- Pergunta Desejo;
- Conexão com problema;
- Promessa de solução;

- Prova com Depoimentos;
- Sua Jornada;
- Ponto da Virada;
- Conquistas;
- Bloco da Autoridade;
- Conteúdo;
- Grande Final.

Perceba, pela estrutura, que somente depois da minha jornada e do ponto da virada é que eu estou pronto para falar das minhas conquistas e cravar minha autoridade anunciando que recebi o prêmio de Melhor Treinador do Brasil. Pois após contar todos os desafios que passei na vida fica mais simpático falar do prêmio!

Simplesmente, não posso passar este tipo de informação no começo da palestra, caso contrário sou visto como um palestrante arrogante.

Infelizmente, muitos cometem esse erro achando que ao apresentarem suas conquistas antes de começar a entregar valor, vão ganhar o respeito da plateia.

Como você conta uma boa jornada? Contando basicamente como a sua vida era, como ela foi transformada, qual foi o ponto da virada e como ela se tornou. Como eu ensino nos meus treinamentos, existem inúmeros tipos de jornadas: Tem a jornada do herói, a jornada da transformação, a jornada do Mentor e tantas outras.

A única coisa que devemos sempre tomar cuidado para ter respeito e conexão com a plateia é: se você está ensinando alguma coisa, deve explicar como é que você aprendeu ao longo de sua vida. É importante contar como alguém te deu a mão e te ensinou, ou edificar seu Mentor. É muito importante, quando você edifica o Mentor, quando você não tem medo de falar sobre ele, porque isso mostra não só humildade da sua parte, como isso traz valor para você.

Na estrutura Power Desejo, ou em qualquer outra estutura, vai uma dica de ouro: quando você termina a sua autoridade, reforce a sua missão e volte para a humildade. Costumo dizer que nenhum prêmio que eu recebi na vida se compara a ter juntado minha família novamente. Quem tem filhos consegue me entender.

Quando você faz isso, você demonstra autoridade, mas humildade ao mesmo tempo, provou que é humano como todos os outros. Isso necessariamente deve ser autêntico, tem que vir do seu coração. E para mim, é a minha verdade. Não vale sucesso financeiro com fracasso no lar. Eu verdadeiramente acredito nisso! E você?

Outra forma para você voltar da autoridade com humildade, antes de entregar o conteúdo e o seu Grande Final, é você relembrar o que é, de fato, importante para você.

No meu caso, o mais importante é: *"se uma pessoa daqui sair transformada, já valeu a pena"*. Isso reforça a sua missão. Por que você está ali, naquela palestra? Por que você está mandando aquela mensagem? Reforçar a sua mensagem é essencial. Sempre faço isso e vejo, pela reação não verbal das pessoas, que a temperatura do Rapport vai lá em cima, quando as cabeças se mexem positivamente ou aplausos espontâneos acontecem!

POWER DOR

Na minha opinião, essa é a estrutura mais poderosa de todas, principalmente se você imagina vender algo no final, seja um treinamento mais avançado, um webinário, um livro, um encontro online, uma mentoria, uma imersão, seja um podcast, seja uma assinatura de recorrência num portal na internet, se você imagina vender alguma coisa no final, a estrutura escolhida tem que ser a Power Dor.

70% das pessoas são movidas por fugir da dor, apenas 30% por buscar prazer. Por isso que, se houver venda, a estrutura escolhida deve ser a Power Dor.

A Power Dor faz com que as pessoas se conectem e a solução do problema é o que você vai vender. A ideia aqui é que você apresente um método de 5 passos onde esses 5 passos fazem parte de um framework. O que é um framework? É um pedaço de um todo. Os 5 passos são o todo, só que você não vai ter tempo de ensinar o todo, então, esse todo você ensinará num final de semana, num treinamento. Você vai ensinar só 1 passo.

Porém, esse passo tem que ter tanto valor que as pessoas fiquem surpresas: "se só esse primeiro passo foi tão valioso, como serão os outros?".

Esta estrutura é poderosa demais. Se você tem uma caneta em mãos, vale grifar, porque acredito que o ouro do livro está aqui na Power Dor.

A essência da Power Dor é trazer perguntas que remetem à dor.

Por exemplo: "você conhece pessoas que terminam o salário e o mês ainda não terminou, tem mais mês do que tem dinheiro?".

"Você conhece pessoas que emagrecem rapidamente com muita força de vontade e, após atingirem suas metas, no primeiro almoço em família vão com tudo na sobremesa, churrasco, literalmente pisam na jaca e engordam tudo de novo gerando o famoso efeito sanfona?"

"Você conhece pessoas que foram criadas num lar onde os pais brigavam muito e se separaram, e quando adultas trouxeram o mesmo padrão em seus relacionamentos, e atualmente não conseguem entender o porquê de terem o dedo podre para o amor e só atrair trastes para sua vida?"

"Você já ouviu falar de vendedores que dão sorte, fazem uma grande venda, ganham muito dinheiro de uma vez só e dão um jeito de se sabotar e gastar todo o dinheiro ganho?"

São perguntas que causam dor.

Depois de causar a dor, você parte para a promessa: "então, hoje eu vou te prometer como acelerar os resultados que você deseja para sua vida. Se você tem medo de falar em público, você vai quebrar esse medo. Se você está acima do peso, vai aprender a emagrecer sem sofrer... Seja qual for a sua promessa". Depois disso, as provas sociais, que são os depoimentos. Quando você traz os depoimentos, valida a sua promessa e pode partir para a sua jornada, trazendo, em seguida, o conteúdo que, como eu já falei: são 3 chaves, 5 passos, 4 táticas; o ideal é tentar não passar de 5.

Um exemplo de conteúdo que apresentei em minha palestra com a estrutura Power Dor foram os 3 pilares da estratégia UL, que chamei de Mentor Extraordinário, Força do Meio e a Roda da Inércia.

Dentro de cada um destes pilares, existe muita sabedoria, eu explico o primeiro que é a importância de escolher bem um mentor. Alguém que encurta o caminho para você. Dou uma passada nos três, mas me aprofundo em apenas um.

Em seguida vem a Força do Meio, do meio em que você convive, lembro o quanto somos influenciáveis pelas pessoas a nossa volta. Digo que somos a média das 5 pessoas que mais convivem com a gente. Isso vale até mesmo para a média financeira. Se você pegar o ganho mensal das 5 pessoas mais próximas a você e dividir por 5, é provável que o seu ganho esteja 20% a mais ou a menos do que esse resultado. Via de regra, vejo as pessoas movimentarem a cabeça positivamente. Eu explico o quanto estes três pilares sustentam o meu método Ultrapassando Limites. Dou a ideia do framework, ou seja, um pedaço do todo.

E por último, vem a Roda da Inércia que seria uma roda parada que é difícil de movimentar, mas depois que você gira é difícil parar, ou seja, dar o primeiro passo na sua vida é de suma importância.

Na palestra, eu cito os três pilares e aprofundo em um deles, a Roda da Inércia.

Deixo claro que o que impede as pessoas de girarem a Roda são seus medos. Explico como vencer seus medos e faço metáforas. Convido as pessoas a pegarem papel, escreverem os medos e rasgarem. Depois disso, convido 10 delas para a quebra de madeira no palco. Essa dinâmica com música e a energia de todos gera uma grande transformação!

Esse é o meu Grande Final e então termino a palestra. O que sobra é um gostinho de quero mais!

Se você vai vender, aí você terá que implementar os próximos passos que ensino no treinamento vivencial, chamado Power Trainer.

São os passos onde você vai aprender as estratégias para fazer uma oferta altamente irresistível para o seu treinamento completo. As pessoas não só querem comprar o seu treinamento, seu produto, seu curso, aquilo que você está vendendo, mas ficam absolutamente desesperadas para comprar porque você oferece tanto valor, tanto valor, que as pessoas literalmente brigam para comprar.

Imagina que você está segurando uma nota de dez reais e pergunta para uma plateia: "quem trocaria uma nota de dez reais por essa nota que está na minha mão aqui, que também é de dez reais?". Talvez, uma ou outra pessoa levante para trocar, só porque gostou de você. Agora, imagina você levantar uma nota de cem reais na mão – e pergunta o seguinte: "gente, eu só tenho essa nota de cem reais e eu estou vendendo por 10 reais para o primeiro que chegar aqui com 10 reais na mão".

Isso é uma oferta irresistível. Você imagina o que acontece?

O que eu ensino nesse treinamento, nesse curso de formação chamado Power Trainer UL é como você transforma um treinamento, um produto, um serviço, numa oferta irresistível, é uma oferta que tem tanto valor, e você traz por um preço tão acessível, com uma escassez real e íntegra, que as pessoas lutam para conseguirem uma vaga.

Se você é um estudioso, domina um assunto, se você continuar estudando, se você entendeu que o treinamento nunca acaba e você for evoluindo, você sempre vai ter algo a mais para ensinar às pessoas, para trazer essas pessoas para o próximo nível e fazer diferença na vida delas e, se você souber estruturar isso de uma maneira em que você entrega tanto valor, pode realmente transformar a vida das pessoas.

Porém, é mais do que dinheiro. Trata-se de seguir um sonho, de seguir sua missão de vida!

Fazer a diferença é estar diante de um cara como o Jorge Martins, que é multimilionário e decidiu vender parte das empresas para poder seguir sua missão. Encontrou seu Power Tema e levantou a bandeira "Vida sem Câncer", contribuindo para a melhora da qualidade de vida de pessoas por todo o mundo. Como ele mesmo diz: o diagnóstico não é uma sentença!

Até hoje, eu atingi sozinho 2 milhões de pessoas. Meu sonho é atingir 10 milhões.

Percebi que mesmo com toda a força do mundo digital, deste livro e de todos os alunos que já tive nessas duas décadas, sozinho eu não vou chegar!

Foi então que tomei a decisão de me tornar o Treinador dos Treinadores e convidar você para fazer parte desta família. Para que juntos possamos ajudar quem sabe, até mais de 10 milhões de pessoas!

Por isso, estou convidando você, leitor, para fazer parte comigo dessa jornada, para pegar na minha mão e para que você seja também um parceiro de missão, que você possa me contar um dia que você também está transformando pessoas. Que tal? Quer ser meu parceiro de missão? Vamos juntos?!

O GRANDE FINAL

O Grande Final é de extrema importância, ele vai definir quantas vezes você será contratado pela mesma empresa, o número de indicações que você vai ter e, acredite ou não, vai definir o sucesso de toda sua carreira.

Já abordamos um pouco deste tema quando falamos das estruturas da Power Palestra. Você aprendeu que o que vai ficar na lembrança da sua audiência é a experiência, a emoção, e não necessariamente o conteúdo. No longo prazo, as pessoas vão se lembrar também das marcas registradas e você deveria tomar cuidado com isso.

É normal, no começo da carreira de um palestrante ou treinador, ele modelar outros Grandes Finais de quem ele admira. Mas procure mudar um pouco. Por exemplo, se você for quebrar a madeira, não use a visualização do quarto escuro. Ela foi criada por mim. Só o fato de quebrar a madeira já faria a plateia se lembrar do Rodrigo Cardoso, caso tivesse me assistido.

O ideal é que você crie o seu próprio Grande Final e que ele se torne a sua marca registrada. Até porque, se você quer ser realmente um Power Trainer, vale investir tempo, neurônios e muitos testes para ter o seu próprio Grande Final.

Um Grande Final deve levar as pessoas às lágrimas, ao riso, ao abraço, ao aplauso em pé ou ao sentimento de garra. Você saberá que foi um Grande Final, quando ficar rodeado de pessoas querendo te abraçar, pedindo um autógrafo ou mesmo uma foto com você.

Se o seu foco for lotar a sua agenda com palestras corporativas, compartilhe seu Grande Final com o seu contratante no momento do briefing.

Algumas vezes, abortei a quebra da madeira por não ser o estilo do meu contratante. Ele preferia um final mais "frio", "sério" e intelectualizado.

Daqui dois meses as pessoas não vão lembrar das cinco táticas ou dos três pilares, mas elas vão lembrar do Grande Final e você precisa saber qual é seu Grande Final.

Embora vá contra o que eu acredito, pois eu sei o quanto seria emocionante terminar do meu jeito, a solicitação do meu contratante fazia sentido já que a plateia era composta apenas pela diretoria da empresa. Então, um final com uma metáfora bem contada teria o mesmo efeito de um Grande Final, quebrando a madeira para um grupo de vendedores. E foi isso que fiz! Resultado? Sucesso total. Por isso, é importante conhecer seu público antes!

Muitas vezes, um Grande Final pode ser uma história pessoal, uma parte da sua jornada, algo que aconteceu com você recentemente, algo que reforce um tópico do seu conteúdo. Funciona muito bem e será sempre seu. Como eu já disse anteriormente, uma música, um trecho de um filme, uma dinâmica, podem ser considerados Grandes Finais! Não se preocupe nesse momento de ter o grande final perfeito. Apenas saiba que o final emocional costuma ser o melhor. Entre em campo, vá testando e com certeza encontrará o seu! Lembre-se de que o feito é melhor que perfeito. Então não trave por achar que o seu final ainda não é de grande estilo. Entre em campo e teste. Esse é o melhor caminho!

Compartilhar é o que te mantém vivo

Escrever um livro é se desnudar de todas as maneiras e eu confesso que, assim como até hoje sinto frio na barriga antes de entrar no palco, tenho a mesma sensação ao escrever o capítulo final de um livro.

Encerro com a carta escrita pelo meu filho Nicholas, para dizer que tudo que foi compartilhado, quando você colocar em prática, verá que mesmo que você seja aplaudido por milhares de pessoas, não há nada que faça seu coração bater como o reconhecimento de quem você ama, acerca da sua integridade.

Pai,

Lembra quando você ia assistir meus jogos e treinos de futebol no Colégio Jabaquara e depois nós íamos comer na Ceci? Aquilo ali, pai, aquilo ali para mim era felicidade... Você me parabenizava, se eu jogasse bem e me consolava quando eu chorava por ter jogado mal (acontecia muitas vezes, eu me lembro bem). E você nem gosta de futebol! Mas você estava lá por mim e eu nunca vou me esquecer disso.

O motivo desta carta é só para você saber o quanto eu sou grato por você. Eu juro que ainda não encontrei alguém que tem tanto orgulho, admiração e amor pelo pai quanto eu tenho pelo meu pai. Você sempre me ensinou que o melhor investimento é o investimento em si mesmo e você nunca parou de investir em si mesmo e você nunca parou de investir em mim. E eu não estou falando de todos os cursos que simplesmente TRANSFORMARAM a minha vida (começando pelo UL, claro), mas eu também estou falando do seu investimento emocional. Você sempre me encheu de carinho, consideração e encorajamento. Hoje, eu tento passar aos outros simplesmente o que você me ensinou, porque você foi é e sempre será o melhor pai que já andou nesse mundão.

Hoje, eu estou me formando em administração com concentração em esportes e estou feliz da vida com meu curso, por sua causa. Você me ensinou o quanto você pode mudar a vida das pessoas sendo um líder e empresário e me ensinou o que é amar esportes e a natureza! Por isso, eu sou extremamente grato. A maioria das qualidades e valores que amo em mim mesmo são baseados em valores e qualidades que eu recebi de você. Eu assisti de camarote você mudando a vida de milhares de pessoas, e isso me inspirou a querer seguir os seus passos. Eu acredito piamente que, se o mundo fosse cheio de Rodrigos Cardosos, nós não teríamos guerras, mas sim entendimento. Nós não teríamos ganância, mas teríamos solidariedade. Não teríamos rancor, teríamos gratidão. Nos não teríamos discórdia, mas carinho. Por isso eu sou extremamente grato!

Eu também sou grato por você ter trazido pessoas iluminadas e maravilhosas na minha vida como a Rosana e o Vinícius. Ainda estou para achar alguém tão sábia, carinhosa, inteligente e amorosa como a tia Rosana (mas acho que não vou). E o irmão mais velho que eu sempre pedi à Deus. Eu morro de orgulho e amor por esse menino que é totalmente altruísta. Eles me ensinaram um monte e me amaram mais ainda, por isso eu sou grato a você e a eles.

Eu sempre disse para quem quisesse ouvir que eu tenho certeza de que serei um pai sensacional, mas eu sei disso porque eu já tenho o melhor pai do mundo. Se eu for 50% do pai que você foi para mim, eu terei feito um excelente trabalho. Muito obrigado por uma infância extraordinária e por estar me ajudando a ter uma vida adulta ainda melhor. Você é ao mesmo tempo meu pai, meu melhor amigo, meu parceiro de surf e meu mestre sábio da montanha.

Agora, vamos parar de chororô e vai malhar porque você tem que viver até os 150 anos facilmente. A gente ainda tem que sair aí nesse mundão e perseguir uns tubos juntos.

Magrelo

Ver meu outro filho mais novo, Lucas, que passou pela mesma dor que a minha, quando me separei, podendo seguir caminhos dos mais escuros possíveis, sendo reconhecido como um dos melhores jogadores de Xadrez do Brasil, ocupando neste momento a posição de terceiro melhor do País em sua categoria, me enche de alegria e sensação de missão cumprida. Ganhar um filho de presente, o Vini, que tem a pura missão de contribuição e dirige nosso instituto Resistência e Persistência Ultrapassando Limites, que ajuda crianças carentes, idosos e pessoas em situação de rua e ser abençoado com meu amor, Rosana Braga, que nesse momento está prestes a lançar seu décimo livro e primeiro romance de sua vida, cheia de alegria de estar também cumprindo sua missão de vida, me faz entender que estou no caminho certo.

Entendi que o Amor é definitivamente a Luz que acende a escuridão na vida das pessoas. Aprenda a amar e levar essa luz pelos palcos do mundo!

Podemos subir ao palco, dizer palavras bonitas, criar dinâmicas, rapport e uma série de outras coisas que, de fato, trarão uma transformação efetiva na vida de todas as pessoas, no entanto, o que você vai levar com você dentro da mala, quando for viajar, não são os aplausos – é uma carta escrita por um filho que te diz que você se tornou um pai melhor por ter transformado a si mesmo. É o e-mail que recebe do amigo, que conta que a conversa que tivemos foi determinante para que mudasse de vida. É ver aquele aluno no palco, fazendo exatamente aquilo que se propôs a fazer, com o coração inteiramente dedicado a mudar a vida das pessoas ao redor.

Eu, particularmente, estou habituado a contar partes da minha jornada ao longo destes vinte anos de atuação nos palcos. Mas é a primeira vez que conto trechos da minha história de vida que eu jamais tinha contado para ninguém.

Sabe o que me deu coragem de me desnudar desta forma neste livro? Saber que, um dia, alguns livros, com excelentes conteúdos, me tocaram simplesmente por causa da história do autor.

Sei que muitos de vocês adquiriram este exemplar porque queriam saber como montar um treinamento e impactar uma plateia. Fico feliz e grato por isso. Mas eu já fui o menino que se escondeu de todo mundo na escola para não apanhar. E hoje estou aqui, dando a minha cara a tapa.

Perder o medo de falar em público parece mais fácil do que contar trechos da nossa história que às vezes omitimos até para nós mesmos. E eu gostaria que você soubesse de uma coisa: nunca tenha vergonha do que passou. A sua vida sempre vale um livro, porque é sua, porque foi através dos obstáculos que enfrentou ao longo do tempo que seu caráter se formou.

Enquanto escrevia este livro, minha irmã resgatou fotos daquele Rodrigo menino que ia de botinhas à escola, em seu cavalo branco. Enquanto eu olhava aquelas fotos, muita coisa passava pela minha cabeça. Pensava na Vó Guaraci e como ela realmente não poupou esforços para que eu desse o melhor de mim nos estudos. Pensava na minha mãe, que tentou encontrar a felicidade diversas vezes e nunca desistiu, mesmo quando estávamos sem grana. Pensava no meu pai, de quem me afastei durante tanto tempo e depois acabei resgatando a cumplicidade e parceria e dos nossos olhares se encontrando depois de tantos desencontros, no dia em que sofri o acidente de parapente.

Experimentar mais uma vez a sensação de gratidão por ter renascido duas vezes – tanto quando não via mais saída para minha vida, quanto no momento em que realmente passei por uma situação de quase morte, fez com que eu celebrasse ainda mais a oportunidade de compartilhar o que me mantém vivo.

Hoje, o Ultrapassando Limites e a minha vida como treinador é o que me move. Transformar pessoas – sejam elas desconhecidas ou amigos ou familiares, é a base da minha vida. Eu aprendi que quando me abro para o mundo, revelando aquilo que foi precioso para que eu entendesse a mecânica de acender a luz em mim, um Universo de possibilidades se escancara à minha frente.

Ao longo dos anos, foram infinitas sincronicidades, encontros e reencontros fantásticos que só foram possíveis porque eu coloquei toda a minha energia num único propósito. A minha missão era compartilhar tudo aquilo que tinha modificado a minha vida e esta missão me impulsionava a criar novos conteúdos e fazer com que as pessoas que cruzassem o meu caminho se sentissem realmente abastecidas e prontas para entrar em campo.

O que eu quero que você entenda, de uma vez por todas, é que, além de ter sua jornada como seu principal ativo, o que você tem, sempre é relevante para ser ensinado. Lembre-se disso. Empodere--se do seu conteúdo e acredite em si mesmo como se nada mais fosse possível. Viva e deixe cada célula do seu corpo vibrar a sensação de que você está numa verdadeira aventura rumo à transformação.

Quando vejo pessoas como o Eliseu Calijuri, que conheci quando tinha gagueira e hoje é um dos profissionais mais reno-mados em sua área de atuação como palestrante, quando vejo milhares de depoimentos de profissionais que estão em campo e começaram do zero, percebo quanto foi importante enfrentar a frustração do primeiro dia que fiz uma palestra e acreditei que jamais faria a segunda.

Todos nós nascemos potentes e esse potencial vai se perdendo ao longo do tempo. Quando redescobrimos nosso imenso arsenal para transformar, nos tornamos seres humanos ilimitados, capazes de ultrapassar limites e criar novas possibilidades dentro da mesma vida que um dia pode ter sido de dor e sofrimento.

Merecemos, por natureza, ter a vida que queremos. Merecemos, porque todos nós temos o que compartilhar e precisamos levar a nossa voz para o mundo e, acima de tudo, deixar nossa mensagem.

Ser um agente de transformação é brilhar e criar comunidades de despertar, onde cada ser humano que interagir com você poderá assimilar aquilo que você tem dentro de si e está pronto para ser dividido com o mundo.

Hoje, com liberdade geográfica, financeira e autoridade na minha área de atuação, saboreio o gosto de ter sido eleito o Melhor Treinador do Brasil, algo que aquele menino que limpou todo o quintal para recuperar dez centavos sabe valorizar.

Ensinar o que ama e ser bem remunerado e reconhecido por isso é mais que um sonho. É exatamente a definição para a frase que ouvi na primeira palestra em que estive: "mire na Lua, pois se você errar, acertará as estrelas".

Se você souber o seu porquê, qualquer desafio fica fácil. E depois de tudo que eu falei aqui no livro, quero que saiba de uma frase que pode parecer contrária a tudo que eu disse, mas na verdade quero te falar que, acima de tudo, o mais importante é levar seu coração.

Como diria Jung, "conheça todas as teorias, domine todas as técnicas, mas ao tocar uma alma humana, seja apenas outra alma humana".

Talvez seja por isso que cheguei aonde estou. Embora eu domine todas as técnicas e teorias, acima de tudo, sou humano e quando estou diante de outra pessoa, respeito-a como um ser humano, com suas dúvidas, medos, limitações, porque todos nós passamos pela tal noite escura da alma, até encontrar nossa própria luz.

Quando entrar, entre com garra. Não desperdice coragem, nem energia, nem brilho nos olhos. Crie um cenário propício para a mágica acontecer e seja capaz de realizar tudo o que quer.

Não se esqueça de uma coisa: pense grande. Seja obstinado. Quando tiver um pensamento próspero, saberá que merece e será capaz de realizar tudo aquilo a que se dispôs.

Sonhe. De olhos bem abertos, mas sonhe. Acredite que coincidências são Deus agindo sem aparecer e aposte todas as suas fichas que aquilo que você deseja que aconteça, vai dar certo.

Mas, lembre-se: a realização das suas metas não o fará feliz. Elas servem para lhe dar uma motivação, mas não a felicidade.

A felicidade sempre estará no caminho. Por isso, caminhe e não tenha medo de errar. Os erros serão inevitáveis, mas é melhor errar tentando do que ficar de braços cruzados esperando que as coisas deem certo.

A ação cura o medo e você deve aproveitar cada dia do seu caminhar.

Porque essa vida é realmente um interruptor de luz. Uma hora, vai apagar e acaba. Enquanto a luz estiver acesa, honre a energia que está fazendo com que a sua alma vibre e os seus olhos vejam. Faça a sua luz brilhar, impreterivelmente, mesmo que o mundo queira apagá-la ou a vida esteja uma escuridão. A sua luz fará a diferença na vida das pessoas.

Assim como eu acendi a minha luz, eu espero que você acenda a sua. Sozinho, eu não consigo chegar a 10 milhões de pessoas. Sozinho, eu não consigo. Mas eu espero que, após ler este livro, você se empodere do seu Power Tema, crie a sua Power Palestra e faça a diferença neste mundo. Vamos juntos nesta jornada!

Não adie sonhos, não brinque com a vida e não desperdice talentos. Seja você e faça aquilo que faz seu coração vibrar, apesar de todas as consequências. Porque, no final das contas, naquele dia em que você estiver prestes a fechar os olhos, vai olhar para trás e, ou ter uma sensação de dever cumprido – por ter compartilhado tudo que fazia sua vida ter sentido – ou fechar os olhos com arrependimento, por ter tido tanto medo de seguir adiante no seu sonho.

Assim como eu, você deve ter sonhos. Você é um ser humano. Prometa a si mesmo que não será negligente com eles. E quando subir ao palco, quando entrar em cena, para transformar ou fazer aquilo que seu coração está pedindo, que seja por inteiro.

Viva a vida por inteiro. Acenda as luzes das almas que estão vagando na escuridão. Seja Luz!

ANOTAÇÕES

Fontes FIRME, MORE